موسوعة

الصحابيات

إعداد

د. أسامة الجعافرة

دار أسامة للنشر والتوزيع

عمان - الأردن

الناشر
دار أسامة للنشر والتوزيع
الأردن - عمان
تلفاكس: ٤٦٤٧٤٤٧ - ٤٦٢٣٣٠٤
ص.ب ١٤١٧٨١

رقم الايداع لدى دائرة
المكتبة الوطنية
(٤٨١ / ٢ / ٢٠٠٢)

٢٣٩،٥٠٣
جعا الجعافرة، أسامة
موسوعة الصحابيات/ أسامة الجعافرة.ـ عمان : دار أسامة، ٢٠٠٢.
( ) ص.
ر. إ. : ٤٨١ / ٢ / ٢٠٠٢
الواصفات: /الإسلام/ المرأة المسلمة/ السيرة النبوية/
الصحابة/ الموسوعات/

❖ تم إعداد بيانات الفهرسة والتصنيف الأولية من قبل دائرة المكتبة الوطنية

مقدمة

لقد كان اندماج الصحابيات في المجتمع الإسلامي اندماجاً كاملاً، وكان تفاعلهن مع مفاهيمه ومثله تفاعلاً تاماً، وكان إسهامهن في البناء الشامخ لمجد الإسلام إسهاماً فعالاً، وكان جهادهن في ميادين الحرب جهاداً عظيماً.

واشتمل هذا البحث على أشهر الصحابيات الجليلات اللاتي عشن مع سيد الخلق محمد بن عبد الله، صلوات الله وسلامه عليه. فكان لهن النبراس الهادي والمربي الكبير. لذلك تميزت المرأة الصحابية برجاحة العقل وصواب الرأي. وأنها لم تترك مجالاً إلا وشاركت فيه الرجل. وهكذا أصبحت المرأة الصحابية قدوة حسنة للمرأة في مختلف العصور وحتى وقتنا الحاضر.

وقد تم ترتيب هؤلاء الصحابيات ترتيباً هجائياً. وقد عولت في ذلك على ما تشتهر به الصحابية من اسم أو لقب أو كنية. فمثلاً غلبت على (نسيبة بنت كعب) كنيتها (أم عمارة). فجعلت ترتيبها بحسب الكنية. وقد يكون اسمها لدى بعض الناس أشهر من كنيتها.

وسيجد القارئ الكثير من العبر والمواعظ المستفادة من الآيات الكريمة، والأحاديث الشريفة، والقصص الواردة في هذا المبحث، لأن فلاح المرء وفوزه ونجاحه في الدنيا والآخرة هو فقط بامتثال أمر الله تعالى، وهدي النبي صلى الله عليه وسلم .

وأسأل الله وأنا أقدم هذا البحث أن يكون له تأثيره المأمول في مجتمع الأسرة المسلمة، وفي نفوس فتيات الإسلام الرائدات اللواتي أراهن بعين قلبي وقد أعدن أمجاد أمهاتهن الصحابيات في مجال الأسرة والدعوة والجهاد.

ومن الله التوفيق،،،

أسماء بنت أبي بكر الصديق

أسماء بنت أبي بكر :

وأبو بكر هو ابن أبي قحافة، واسمه:- عثمان بن عامر بن عمرو بن كعب ابن سعد بن تيم.

وأم أسماء هي:- قتيلة بنت عبد العزى بن أسعد بن جابر بن مالك بن حسل بن عامر بن لؤي.

كان لها موقف مشهود يوم الهجرة حيث عملت على كتمان نبأ هجرة الرسولصلى الله عليه وسلم مما عرضها لسخط وعقوبة أبو جهل. وثم هيأت احتياجات سفرة الرسول صلى الله عليه وسلم ولم تجد ما تشد به فشقت نطاقها نصفين جعلت واحداً لسفرة الرسول صلى الله عليه وسلم والآخر عصاماً لقربته. فأطلق عليها الرسول صلى الله عليه وسلم لقب ذات النطاقين.

تزوجها الزبير بن العوام بن خويلد، فولدت له عبد الله، وعروة والمنذر، وعاصماً، والمهاجر، وخديجة الكبرى، وأم الحسن، قالت أسماء:- تزوجني الزبير، وما له في الأرض مال ولا مملوك ولا شيء غير فرسه. فكنت أعلف فرسه وأكفيه مؤونته وأدق النوى لناضحه، وأعلفه وأسقيه الماء، وأعجن، وكنت أنقل النوى من أرض الزبير التي أقطعه إياها رسول الله صلى الله عليه وسلم على رأسي، وهي على بعد ثلثي فرسخ.

وتابعت أسماء قولها:- فجئت يوماً والنوى على رأسي، فلقيت رسول الله صلى الله عليه وسلم ومعه نفر من أصحابه، فدعا لي، ثم قال:- إخ إخ، ليحملني خلفه، فاستحييت أن أسير مع الرجال، وذكرت الزبير وغيرته. قالت: وكان من أغير الناس. فعرف رسول الله صلى الله عليه وسلم أني قد استحييت فمضى. فجئت الزبير فقلت:- لقيني رسول الله صلى الله عليه وسلم وعلى رأسي النوى، ومعه نفر من أصحابه، فأناخ لأركب معه، فاستحييت، وعرفت غيرتك، فقال:- و الله تحملك النوى كان أشد علي من ركوبك معه، قالت:- حتى أرسل إلي أبو بكر بعد ذلك بخادم، فكفتني سياسة الفرس فكأنما أعتقني.

وواضح من هذه الرواية، ومن روايات أخرى، ان الزبير بن العوام كان شديداً على أسماء. فشكت ذلك يوماً إلى أبيها، فقال: يا بنية، اصبري، فإن المرأة إذا كان لها زوج صالح ثم مات عنها. فلم تزوج بعده جمع بينهما في الجنة.

وقد طلق الزبير أسماء، وقد اختلفوا في سبب طلاقها، فقيل:- كانت قد أسنت، وولدت للزبير عبد الله وعروة والمنذر، وقيل أن الزبير ضربها، فصاحت بابنها عبد الله، فأقبل إليها، فلما رآه أبوه قال:- أمك طالق إن دخلت، فقال عبد الله:- أتجعل أمي عرضة ليمينك؟ فدخل، فخلصها منه، فبانت منه.

وكانت معروفة بعقلها وعزة نفسها وقوة إرادتها وحسن إيمانها وقد وفدت عليها أمها – (قتيلة بنت عبد العزى) وكان أبو بكر قد طلقها في الجاهلية- بهدايا فأبت أن تقبل هديتها أو تدخلها إلى بيتها، وأرسلت إلى عائشة: سلي رسول الله صلى الله عليه وسلم، فقال:- لتدخلها، ولتقبل هديتها. وأنزل الله سبحانه وتعالى:- (لا ينهاكم الله عن الذين لم يقاتلوكم في الدين)، وإلى قوله:- (أولئك هم الظالمون)(١)

وكانت أسماء ذات جود وكرم وكانت تقول لأهلها:- أنفقوا ولا تنتظروا الفضل فإنكم إن انتظرتم الفضل لم تفضلوا منه شيئاً وان تصدقتم لم تجدوا فقره، وبلغت من العمر المائة عام حتى خلافة ولدها عبد الله بن الزبير في الحجاز وقد حاصرته جيوش الشام في مكة المكرمة. فدخل عليها وهي عجوز عمياء فقال لها:- يا أماه ما ترين! ولقد خذلني الناس، وخذلني أهل بيتي. فقالت:- لا يلعبن بك صبيان بني أمية، عش كريماً، ومت كريماً. و الله إني لأرجو أن يكون عزائي فيك حسناً، بعد أن تقدمتني أو تقدمتك، فإن في نفسي منك حرجاً، حتى أنظر إلى ما يصير إليه أمرك. ثم قالت :- اللهم ارحم طول ذاك النحيب والظمأ في هواجر المدينة، وبره بأمه. اللهم إني قد سلمت فيه لأمرك، ورضيت فيه بقضائك فأثبني في عبد الله ثواب الشاكرين. فرد عليها

٧

وقال:- يا أماه، لا تدعي الدعاء لي قبل قتلي ولا بعده. قالت لن أدعه لله، فمن قتل على باطل، فقد قتلت على حق، فخرج.

وقيل، قال عبد الله لأمه:- إن هذا قد أمنني (يعني الحجاج بن يوسف الثقفي). فقالت: يا بني، لا ترض الدنية. فإن الموت لا بد منه. فقال:- إني أخاف أن يمثل بي، قالت:- إن الكبش إذا ذبح لم يأمن السلخ. فخرج، فقاتل حتى قتل.

ولما قتل (الحجاج) عبد الله بن الزبير، دخل على أسماء، وقال لها: يا أمّة، إن أمير المؤمنين أوصاني بك، فهل لك من حاجة؟ قالت: لست لك بأم، ولكني أم المصلوب على رأس الثنية، ومالي من حاجة.

ولكن أنتظر حتى أحدثك ما سمعت من رسول الله صلى الله عليه وسلم، إني سمعته يقول:- يخرج في ثقيف كذاب ومبير (المجرم). فأما الكذاب فقد رأيناه- يعني المختار. وأما المبير فأنت. فقال لها الحجاج: مبير المنافقين وجاءت أسماء بعد مقتل ابنها بثلاثة أيام، وهو حينئذ مصلوب وكانت عجوزاً طويلة مكفوفة البصر – فقالت للحجاج:- أما آن لهذا الراكب أن ينزل؟

فقال الحجاج:- المنافق؟

فقالت :- و الله ما كان منافقاً، ان كان لصواماً قواماً، براً فقال:- انصرفي يا عجوز، فإنك قد خرفت.

قالت:- لا و الله ما خرفت منذ سمعت رسول الله صلى الله عليه وسلم يقول: (يخرج من ثفيف، كذاب ومبير فأما الكذاب فقد رأيناه، وأما المبير فأنت).

ويقال:- إن الحجاج لما صلب أبن الزبير قال:- لا أنزله إلا إذا شفعت فيه أمه. فمرت يوماً على مصلبه. فقالت أما آن لهذا الراكب أن ينزل؟

فقال الحجاج: هذه شفاعة، وأنزله.

وتوفيت أسماء بمكة المكرمة بعد مقتل ابنها عبد الله بأيام، وقد بلغت المائة سنة ولم يسقط لها سن، ولم ينكر من عقلها شيء في عام ٧٣هـ

أسماء بنت عُميس

وعُميس هو ابن معد بن تميم بن الحارث بن كعب بن مالك من ختمم. وأمها هند وهي خوله بنت عوف بن زهير بن الحارث بن حماطة من جُرش. وقد كانت أليفة النجائب وكريمة الحبائب. وقد هاجرت إلى الحبشة مع زوجها جعفر بن أبي طالب، وقائد المهاجرين إلى الحبشة وقد ولدت له هناك:- عبد الله، ومحمداً، وعوناً.

أرسلت قريش إلى النجاشي ملك الحبشة، وفداً لاسترجاع المسلمين من هناك، وكان عمرو بن العاص، وعمارة بن الوليد ، من أبرز رجال ذلك الوفد. وقد حاول القرشيون إقناع الملك بطرد المسلمين من أرضه، وإعادتهم إلى مكة، لأنهم خرجوا عن دين الآباء والأجداد!!

واختار المسلمون جعفراً، زوج أسماء، ليدافع عنهم، ويدحض مزاعم القريشيين. ولما دخل المسلمون على الملك. فلم يسجدوا له، فسألهم عن ذلك، فقالوا:- نحن لا نسجد إلا لله عز وجل، وقد كنا نعبد الأوثان ونسجد لها، فبعث الله فينا نبياً صادقاً، وأمرنا بالتحية التي رضيها، وهي السلام، تحية أهل الجنة. فعرف الملك أن ذلك حق، وأنه موجود في التوراة والإنجيل. ثم سأل النجاشي وفد قريش عن طلبهم، فقال عمرو:- كنا جميعاً على دين واحد فتركوه واتبعوا غيره، ولا بد من عودتهم إليه!!

فرد جعفر (مخاطباً الملك):- أما الذي كنا عليه فتركناه، فهو دين الشيطان، كنا نكفر بالله، ونعبد الحجارة. وأما الذي تحولنا إليه فهو دين الله الإسلام، جاءنا به رسول الله صلى الله عليه وسلم وهنا، دعا النجاشي القساوسة والرهبان، وسألهم:-

هل تجد من بين عيسى وبين القيامة نبياً مرسلاً؟ فقالوا:- نعم. قد بشرنا به عيسى، وقال:- من آمن به فقد آمن بي. ومن كفر به فقد كفر بي.

ثم اتجه الملك إلى جعفر،وقال:- ماذا يقول لكم هذا الرجل؟ وبماذا يأمركم؟ وما الذي ينهاكم عنه؟

فقال جعفر: يقرأ علينا كتاب الله، ويأمرنا كذلك بحسن الجوار، وصلة الرحم، وبر اليتيم، وان نعبد الله وحده، لا نشرك به شيئاً. وحاول عمرو أن يثير الملك على المسلمين، فقال له:- إنهم يسبون عيسى وأمه، فأخذ جعفر يتلو سورة مريم، فاقتنع النجاشي أن وفد قريش مغرضون، لاحق لهم فيما يدعون. فالتفت إلى جعفر وقومه، قائلاً: أنتم آمنون في أرضي.

وتمر الأيام، ويمن الله على عبادة المسلمين - في المدينة - بالقوة، فيحرزون النصر تلو النصر، ويحين الوقت، لينضم مسلمو الحبشة إلى إخوانهم مسلمي المدينة، وتمخر بهم السفينة عباب البحر،وهم في غاية الفرح لرؤية رسول الله صلى الله عليه وسلم والانضمام إلى أصحابه الكرام.

وبعد رحلة معينة، وصل القوم إلى المدينة مهللين مكبرين، فلم يجدوا فيها إلا النساء والأطفال، فعلموا أن إخوانهم في خيبر، فلحقوا بهم، وأصوات تكبيرهم تشق أجواء الفضاء، فما أن بغلوها حتى سمعوا التكبير، وعلموا بسقوط خيبر في أيدي المسلمين.

فرح المسلمون برؤية رسول الله صلى الله عليه وسلم وكانت أسماء وزوجها أشدهم فرحاً. دخلت أسماء بنت عميس، على حفصة زوج النبي صلى الله عليه وسلم، فدخل عمر بن الخطاب، على حفصة، وأسماء عندها، فقال حين رأى أسماء: من هذه؟ فقالت حفصة:- أسماء بنت عميس. فقال عمر: سبقناكم بالهجرة، فنحن أحق برسول الله صلى الله عليه وسلم منكم. فغضبت.. وقالت :- كلا يا عمر، كلا و الله كنتم مع رسول الـلهصلى الله عليه وسلم يطعم جائعكم، ويعظ هالككم، وكنا في دار البعد بالحبشة. وذلك في ذات الله عز وجل، وفي رسول الله صلى الله عليه وسلم وأيم الله لا أطعم طعاماً، ولا أشرب شراباً حتى أذكر ما قلت لرسول الله صلى الله عليه وسلم، و الله لا أكذب ولا أزيد على ذلك.

فلما جاء النبي صلى الله عليه وسلم قالت: يا نبي الله، ان عمر قال كذا وكذا، فقال رسول الله صلى الله عليه وسلم فما قلت له؟ قالت :- قلت له كذا وكذا. فقال رسول الله صلى الله عليه وسلم:- ليس بأحق بي

منكم، فله ولأصحابه هجرة واحدة. ولكم يا أهل السقيفة هجرتان، هاجرتم إلى النجاشي، وهاجرتم إلي.

أعلن في المدينة عن توجه جيش المسلمين إلى مؤتة لمحاربة الروم، وكان جعفر بن أبي طالب أحد أمرائه الثلاثة. وقد استشهدوا جميعاً، فاختار المسلمون خالد بن الوليد، فانسحب من أرض المعركة. ونجا المسلمون من مذبحة رهيبة. ومنذ ذلك اليوم لقب بسيف الله المسلول.

وبعد استشهاد زوجها تزوجها أبو بكر الصديق (رضي الله عنه) بعد وفاة زوجته أم رومان. لما عزم الرسول صلى الله عليه وسلم على الحج، خرج معه صاحبه أبو بكر وخرجت معه بنت عميس. وكانت على وشك الوضع وقد أحست أسماء بآلام الطلق، فأعلمت زوجها الصديق ثم انتحت ناحية، ووضعت محمد بن أبي بكر. وحاول أبو بكر إعادتها إلى المدينة. ولكن الرسول صلى الله عليه وسلم أمر أسماء أن تغتسل من نفاسها. وتمضي مع الركب في حجة الوداع، مُهلة بالحج مع المسلمين.

ثم تزوجت أسماء، بعد أبي بكر الصديق، علي بن أبي طالب (رضي الله عنه) فولدت لعلي يحيى وعوناً رضي الله عنه وعنهم جميعاً.

وشاء الله أن تفجع أسماء بمقتل أبنها محمد بن أبي بكر، أمير مصر، فقامت إلى مصلاها تستعين بالصبر والصلاة.

وأحست أن قلبها يكاد يتمزق – لكنها ذكرت نهي رسول الله صلى الله عليه وسلم عن رفع الصوت، وخمش الوجه – فتجلدت واحتسبت ذلك من عند الله. ثم توفيت بعد ابنها محمد بفترة قصيرة، فلحقت بجعفر الطيار، وبأبي بكر الصديق، وبإبنها محمد بن أبي بكر.

أسماء بنت مخربة

قدم هشام بن المغيرة المخزومي نجران، فرأى أسماء بنت مخربة فأعجبته وتزوجها، ونقلها معه إلى مكة، فولدت له: عمر بن هشام الذي عرف فيما بعد بأبي جهل، والحارث بن هشام، الصحابي المجاهد الشهيد، وبعد موت زوجها تزوجت عبد الله بن أبي ربيعة المخزومي فولدت له عياشاً وعبد الله.

روت الربيع بنت معوذ قالت: دخلت في نسوة من الأنصار على أسماء بنت مخربة وذلك في خلافه عمر، وكان ابنها عياش يأتيها بأجود العطور من اليمن، فكانت تبيعه في المدينة، فطلبت منها عطراً، فقالت لي: أنت بنت قاتل سيده؟ وكان أبوها معوذ بن عفراء قد اشترك في قتل أبي جهل بن هشام وهو ابن أسماء.

فقلت لها: لا، بل أنا بنت قاتل عبده.

قالت أسماء: حرام علي أن أبيعك من عطري شيئاً.

قلت: وحرام علي أن أشتري منه شيئاً. فما وجدت لعطرتنا غير عطرك.

تقول الربيع: ووالله ما شممت عطراً كان أطيب منه، ولكني غضبت فقلت لها ما قلت.

وكانت أسماء تكنى بأم الجلاس، أسلمت بعد فتح مكة.

أسماء بنت يزيد

ويزيد هو بن السكن بن رافع بن امرئ القيس بن زيد بن عبد الأشهل بن جشم بن الحارث. بنت عم معاذ بن جبل. وكان يقال لها خطيبة النساء. شهدت معركة اليرموك سنة ١٣هـ وقتلت من الروم البيزنطيين تسعة رجال بعمود خبائها.

كانت محدثة فاضلة ومجاهدة جليلة ومن ذوي العقل والدين والخطابة حتى لقبت بخطيبة النساء، أقبلت على الرسول صلى الله عليه وسلم وهو بين أصحابه فقالت: بأبي أنت وأمي يا رسول الله، أنا وافدة النساء إليك ان الله عز وجل بعثك إلى الرجال والنساء كافة. فآمنا بك وبإلهك. وإنا معشر النساء محصورات مقصورات قواعد بيوتكم، وحاملات أولادكم. وإنكم معشر الرجال فضلتم علينا في الجمع والجماعات وعيادة المرضى وشهود الجنائز والحج بعد الحج. وأفضل من ذلك الجهاد في سبيل الله عز وجل. وإن الرجل منكم إذا خرج حاجاً أو مجاهداً حفظنا لكم أموالكم وربينا أولادكم. أفلا نشارككم في هذا الأمر؟

فالتفت النبي صلى الله عليه وسلم إلى أصحابه وقال:- هل سمعتم بمقالة امرأة قط أحسن من مسائلها عن أمر دينها من هذه ؟ فقالوا؟ يا رسول الله ما ظننا أن امرأة تهتدي إلى مثل هذا.

فالتفت النبي صلى الله عليه وسلم إليها وقال:- افهمي أيتها المرأة واعلمي من خلفك من النساء أن أحسن تبعل المرأة لزوجها وطلبها لمرضاته واتباعها موافقته يعدل ذلك كله: فانصرفت وهي تهلل.

أمامة بنت أبي العاص

هي بنت أبي العاص بن الربيع بن عبد العزى بن عبد شمس بـن عبـد مناف، وأمها زينب بنت رسول اللـه صلى اللـه عليه وسلم.

ولدت أمامه لأبي العاص أمامة وعلياً. وثبت ذكر أمامة في الصحيحين مـن حـديث أبي قتادة. ان النبيصلى اللـه عليه وسلم كان يحمل أمامة بنت زينب على عاتقه. فإذا سـجد وضـعها. وإذا قام حملها.

أهدي لرسول اللـه صلى اللـه عليـه وسـلم قـلادة مـن جـزع ملمعـة بالـذهب، ونسـاؤه مجتمعات في بيته كلهن. وأمامة ابنة رسول اللـه صلى اللـه عليه وسلم وهـي بنـت أبي العـاص بن الربيع، جارية تلعب في جانب البيت بالتراب. فقال رسول اللـه صلى اللـه عليه وسلم كيف ترين هذه؟ قالت عائشة:- فنظرنا إليها فقلنا: يا رسول اللـه. ما رأينا أحسـن مـن هـذه قـط ولا أعجب! فقال: أرددنها إلي. فلما أخذها، قال:- و اللـه لأضعنها في رقبة أحب أهل بيتي إلي.

قالت عائشة:- فأظلمت علي الأرض بيني وبينه خشـية أن يضـعها في رقبـة غـيري مـنهن. ولا أراهن إلا قد أصابهن مثل الذي أصابني، ووجمن جميعاً. فأقبل بها حتى وضعها في رقبـة أمامـة بنت أبي العاص. فسري عنا.

تزوجها علي بن أبي طالب(رضي) بعد موت فاطمة عليها السلام. وكانت فاطمـة وصـت علياً أن يتزوجها فلما توفيت تزوجها ، زوجه منها الزبير بن العوام لأن أباه قد أوصاه بها. فلـما جـرح علي خاف أن يتزوجها معاوية، فأمر المغيرة بن نوفل بن الحـارث بـن عبـد المطلـب أن يتزوجهـا فلما توفي علي، وقضت العدة تزوجها المغيرة.

أمامة بنت حمزة

هي أمامة بنت حمزة بن عبد المطلب بن هاشم بن عبد مناف بن قصي. وأمها سلمى بنت عُميس. أخت أسماء بنت عُميس. أخواها لأمها:- عبد الله وعبد الرحمن أبنا شداد بن الهاد.

ويروى أن علي قال لرسول الله صلى الله عليه وسلم:- ألا تتزوج ابنة عمك حمزة، فإنها. قال سفيان أجمل. وقال إسماعيل أحسن فتاة في قريش؟ فقال:- يا علي أما علمت أن حمزة أخي من الرضاعة. وان الله حرم من الرضاعة ما حرم من النسب. قال ابن عباس:- ان (أمامة) بنت حمزة بن عبد المطلب، وأمها سلمى بنت عميس كانت بمكة. فلما قدم رسول الله صلى الله عليه وسلم كلم النبي صلى الله عليه وسلم فقال: علام نترك ابنة عمنا يتيمة بين ظهري المشركين؟ فلم ينهه النبي صلى الله عليه وسلم عن إخراجها فخرج بها، فتكلم زيد بن حارثة، كان وصي حمزة، وكان النبي صلى الله عليه وسلم آخى بينهما حين آخى بين المهاجرين فقال: أنا أحق بها ابنة أخي. فلما سمع بذلك جعفر بن أبي طالب. قال: الخالة والدة وأنا أحق بها لمكان خالتها أسماء بنت عميس عندي. فقال علي :- ألا أراكم تختصمون في ابنة عمي. وأنا أخرجتها من بين أظهر المشركين. وليس لكم إليها نسب دوني. وأنا أحق بها منكم.

فقال رسول الله صلى الله عليه وسلم:- أنا أحكم بينكم. أما أنت يا زيد فمولى الله ورسوله، وأما أنت يا علي فأخي وحاجبي، وأما أنت يا جعفر فشبيه خُلقي وخلقي. وأنت يا جعفر أولى بها، ولكن تحتك خالتها، ولا تنكح المرأة على خالتها ولا على عمتها.

فقيل للنبي صلى الله عليه وسلم:- تزوجها؟ فقال ابنة أخي من الرضاعة، فزوجها رسول الله صلى الله عليه وسلم مسلمة بن أبي سلمة. فكان الرسول صلى الله عليه وسلم يقول:- هل جزيت سلمة؟

أمامة بنت الحارث

الحارث بن عوف المري سيد من سادات الجاهلية، وفارس من فرسانها، وكريم من كرمائها، توسط في الحرب بين عبس وذبيان مع هرم بن سنان المري، واستطاعا أن يحقنا الدماء وينهيا الحرب، وقد تحملا مناصفة ديات القتلى. عاش الحارث حتى أدرك الإسلام، وكانت العرب تنتظر ما تصل إليه الحرب الدائرة بين المشركين والمسلمين من نتائج. فلما انتهت الحرب بانتصار المسلمين أقبلت القبائل على المدينة تبايع على الإسلام. وكان ممن أقبل بوفد إلى المدينة الحارث بن عوف، وقد أقبل بثلاثة عشر من قبيلته بني مرة، وقابلوا رسول الله صلى الله عليه وسلم وأطاعوا وأسلموا.

وكان من سياسة رسول الله صلى الله عليه وسلم وهديه أن يتألف زعماء القبائل، ويكرم شرفاءها، وكان يقول:- "إذا أتاكم كريم قوم فأكرموه" فأحب أن يكرم الحارث بن عوف، وان يتألفه على الإسلام فخطب إليه ابنته أمامة التي كانت تعرف بين أهلها بقرصافة.

ولست أدري ما الذي جعل الحارث بن عوف يرفض هذا الشرف العظيم، وهو الذي يسعى سعيه إلى الشرف والمجد، وينفق في سبيله الأموال الطائلة ، فقد اعتذر إلى رسول الله صلى الله عليه وسلم، فقال:- لا أرضاها لك، ثم لجأ إلى الكذب فقال:-

إن بها سوءاً، ان بها بياضاً يعني أنها مصابة بالبرص. ونظر رسول الله صلى الله عليه وسلم إلى الحارث وقال:- "لتكن كذلك".

لم تكن قرصافة برصاء بل كانت على أحسن ما تكون عليه النساء. ولكن الحارث لسبب في نفسه لا نعرفه ادعى أنها برصاء.. فدعا عليها رسول الله بالبرص. فبرصت. وعندما عاد الحارث إلى بيته وجد ابنته قد برصت، فأدرك ان ذلك بسبب كذبه على رسول الله، ونتيجة دعاء رسول الله.

وتزوجت أمامة البرصاء من ابن عمها يزيد بن حمة المري، فولدت له شبيب بن يزيد الذي نسب إلى امه فقيل له: شبيب ابن البرصاء.

آمنة بنت الأرقم المخزومية

بـدأت دعوة الإسلام في مكة، فلاقت من ذوي القلوب الصافية من أهلهـا إقبـالاً، فآمنـت بـه وجاهدت من أجله، ولاقت من ذوي القلوب المتحجرة صدوداً وعداءً، فناصبتها العـداء، وبـذلت من أنفسها وأموالها الكثير في سبيل هدمه وصرف الناس عنه.

وكان في القبيلة الواحدة من قريش من هذين الاتجاهين، قلوب صافية لينة، وقلوب متحجرة قاسية، وكان من أوضح الأمثلة على ذلك بنو مخزوم، كان فيهم المؤمن البار والكافر الفاجر.

فمن مؤمنيهم الذين آمنوا وجاهدوا وبذلوا:- الأرقم بن أبي الأرقم، وكان من كافريهم الـذين بذلوا كل ما في وسعهم لحرب الدعوة أبو جهل بن هشام لعنه الله.

ومن نساء بني المخزوم اللاتي آمنّ، وقد كان رسـول اللـه صلى اللـه عليـه وسلم يجتمع بالمؤمنين في مرحلة الدعوة السرية في بيت أبيها على الصفا، فكانت آمنة ممن عاصر فجر الدعوة وتابع فصولها.

وعندما هاجر المسلمون إلى المدينة، كانـت آمنـة هـي أول مـن هـاجر، ولأنها مـن أوائـل المسلمات ومن زمرة المهاجرات وهبها رسول اللهصلى الله عليه وسلم بئراً في المدينة ودعا لها فيها بالبركة، فكانت هذه البئر تدعى باسمها فيقال لها: بئر آمنة.

أمية بنت قيس الغفارية

كانت قبيلة غفار من أكثر القبائل إقبالاً على الإسلام حتى قال رسول الـلـه صلى الـلـه عليـه وسلم في حقها:- غفار، غفر الـلـه لها. وأقبلت نساء غفار على الإسلام مثلما أقبل رجالها، وكان من نسائها اللاتي أسلمن وبايعن الرسول أمية بنت قيس..

كانت أمية محبة للجهاد، راغبـة فيـه، فأقبلـت علـى رسول الـلـه صلى الـلـه عليـه وسلم تستأذنه لنفسها ولنفرٍ من نساء غفار في الخروج إلى الجهاد.

قالت أمية لرسول الـلـه :- يا رسول الـلـه، إنا نريد أن نخرج معك إلى وجهك هذا - وكان رسول الـلـه متوجهاً لفتح خيبر - فنداوي الجرحى، ونعين المسلمين بما استطعنا. فقال رسول الـلـه صلى الـلـه عليه وسلم:- على بركة الـلـه.

وخرجت أمية مع جيش الإسلام مجاهدة في سبيل الـلـه، وحضرت غزوة خيبر، فكانت تسقي المجاهدين، وتداوي الجرحى، وتعد الطعام وتقوم بكل ما يوكل إليها من عمل .وعندما فتح الـلـه خيبر، وقسم رسول الـلـه صلى الـلـه عليه وسلم غنائمها بين المحاربين، جعل لأمية نصيباً، قالت أمية:- عندما فتح الـلـه لنا خيبر رضخ لنا رسول اله صلى الـلـه عليه وسلم مـن الفـيء ولم يسهم لنا.

ولأن أمية كانت متميزة في نشاطها الجهادي تناول رسول الـلـه صلى الـلـه عليه وسلم قلادة ودعا بأمية وألبسها القلادة بيده الشريفة. وخرجت أمية بالقلادة أضعاف ما خرجت بما أعطاها من الفيء، ذلك لأن رسول الـلـه صلى الـلـه عليه وسلم خصها بها دون مـن حضرـ مـن النسـاء، ولأنه وضعها بيده الشريفة في عنقها. واحتفظت أمية بوسامها، بقلادتها، فكانت لا تفارق عنقها حتى ماتت... وأوصت أن تدفن معها في قبرها...

ودفنت أمية بنت قيس الغفارية وقلادة الجهاد في عنقها،لم تفارقها مـن يوم أن قلدها بها رسول الـلـه صلى الـلـه عليه وسلم رغبة منها في أن تقابل ربها بهذه الشهادة النبوية السامية:- قلادة الجهاد. هذه سيرة امرأة من غفار، أسلمت وبايعت وجاهدت، وحصلت على وسام الجهاد من يد المصطفى صلى الـلـه عليه وسلم ...ونحن نتمنى علـى فتياتنا أن يسرن سيرة هـذه الصحابية المجاهدة. غفر الـلـه لها ولكل من سلك سبيلها.

أميمـة (أم أبي هريرة)

هي أم أبي هريرة. أسلمت وروى إسلامها أبو هريرة. قال:- كنت أدعو أمي إلى الإسلام. وهي مشركة، فدعوتها يوماً فأسمعتني في رسول الله صلى الله عليه وسلم ما أكره. فأتيت رسول الله صلى الله عليه وسلم وأنا أبكي، فقلت يا رسول الله، إني كنت أدعو أمي إلى الإسلام، فتأبى علي، وإني دعوتها اليوم فأسمعتني فيك ما أكره. فادع الله أن يهدي أم أبي هريرة، فقال رسول الله صلى الله عليه وسلم اللهم اهد أم أبي هريرة" فخرجت مستبشراً بدعوة نبي الله صلى الله عليه وسلم فلما جئت فصرت إلى الباب. فإذا هو مجاف. فسمعت أمي خشف قدمي فقالت:- مكانك يا أبا هريرة، وسمعت خضخصة الماء..

ولبست درعها، وفتحت الباب وقالت:-

يا أبا هريرة، أشهد أن لا إله إلا الله، وأشهد أن محمداً رسول الله.

قال:- فرجعت إلى رسول الله صلى الله عليه وسلم فأخبرته فحمد الله، وقال خيراً.

روي أن عمر بن الخطاب دعا أبا هريرة ليستعمله، فأبى أن يعمل له فقال له: أتكره العمل، وقد طلبه من كان خيراً منك؟ قال:- من؟ قال:- يوسف ابن يعقوب عليهما السلام.فقال أبو هريرة: يوسف نبي ابن نبي، وأنا أبو هريرة بن أميمة، أخشى ثلاثاً أو اثنين.

فقال عمر:- أفلا قلت خمساً، قال:- أخشى أن أقول بغير علم، وأقضي بغير حكم، وان يضرب ظهري، وينتزع مالي، ويشتم عرضي.

أميمة بنت رقيقة

هي بنت عبد الله بن بجاد بن عمير بن الحارث، تنتمي إلى تيم بن مرة، أما أمها فهي رقيفة بنت خويلد بن أسد. أخت أم المؤمنين، خديجة بنت خويلد.

قالت أميمة بنت رقيفة:- أتيت رسول الله صلى الله عليه وسلم في نسوة يبايعنه، فقلنا نبايعك يا رسول الله على ألا نشرك بالله شيئاً ولا نسرق ولا نزني ولا نقتل أولادنا ولا نأتي ببهتان نفتريه بين أيدينا وأرجلنا ولا نعصيك في معروف. فقال رسول الله صلى الله عليه وسلم : فيما استطعتن وأطقتن.

فقلنا:- الله ورسوله أرحم بنا من أنفسنا، هلم نبايعك يا رسول الله، فقال:- "إني لا أصافح النساء، إنما قولي لمائة امرأة كقولي لامرأة واحدة".

وقد اغتربت أميمة، تزوجها حبيب بن كعيب بن عُتير الثقفي، فولدت له النهدية وابنتها وام عُبيس وزنيرة، أسلمن بمكة قديماً، وكن ممن يعذب في الله، فاشتراهن أبو بكر الصديق، فاعتقهن، فقال له أبوه (أبو قحافة):-

يا بني، انقطعت إلى هذا الرجل، وفارقت قومك، وتشتري هؤلاء الضعفاء؟

فقال له:- يا أبي، أنا أعلم بما أصنع.

وكان مع النهدية يوم اشتراها طحين لسيدتها، تطحنه أو تدق لها نوى، فقال لها أبو بكر:- ردي إليها طحينها أو نواها، فقالت:- لا، حتى أعمله لها، وذلك بعد أن باعها.

وأعتقها أبو بكر، وأصيبت زنيرة في بصرها فعميت، فقيل لها:- أصابتك اللات والعزى، فقالت : لا و الله ما أصابتني وهذا من الله، فكشف الله عن بصرها ورده إليها. فقالت قريش: هذا بعض سحر محمد.

أم أيمن

هي مولاة رسول الله صلى الله عليه وسلم وحاضنته، ورثها من أبيه، فاعتقها -عليه السلام-حين تزوج خديجة بنت خويلد. فتزوجها عبيد بن زيد، من بني الحارث بن الخزرج. فولدت له (أيمن) الذي صحب الرسول صلى الله عليه وسلم وقتل يوم حنين شهيداً.

وكانت تكنى أم الظباء. وكان رسول الله صلى الله عليه وسلم يقول لأم أيمن: (يا أمه). وكان إذا نظر إليها قال: هذه بقية أهل بيتي، وكان يقول عنها: أم أيمن أمي بعد أمي. كانت أم أيمن تلطف النبي صلى الله عليه وسلم وتقوم عليه. فقال رسول الله صلى الله عليه وسلم يوماً من سره أن يتزوج امرأة من أهل الجنة فليتزوج أم أيمن، فتزوجها زيد بن حارثة. فولدت له أسامة بن زيد.

ويروى لما هاجرت أم أيمن من مكة إلى المدينة، عطشت عطشاً شديداً وليس هناك ماء فأجهدها العطش فدلي عليها من السماء دلو من ماء برشاء أبيض فشربت منه فكانت تقول ما أصابني بعد ذلك عطش.

وقد حضرت أم أيمن أُحداً، وكانت تسقي الماء، وتداوي الجرحى. وشهدت خيبر مع رسول الله صلى الله عليه وسلم وكان عليه السلام - يزورها. وكان أبو بكر وعمر يزورانها في منزلها. كما كان يفعل رسول الله صلى الله عليه وسلم فلما توفي الرسول صلى الله عليه وسلم، قال ابو بكر لعمر (رضي الله عنه) هيّا نزورها، فلما رأتهما بكت.

فقالا لها:- ما يبكيك؟ فقالت:- إني لأعلم أن رسول الله صلى الله عليه وسلم قد صار إلى خير مما كان فيه. ولكني إنما أبكي على الوحي إذ انقطع عنا من السماء:- فجعلا يبكيان معها.

واختلف في وفاتها قيل ماتت بعد الرسول صلى الله عليه وسلم بخمسة أشهر وقيل في آخر خلافة عثمان بن عفان (رضي الله عنها).

أم حبيبة بنت أبي سفيان

هي رملة بنت أبي سفيان بن حرب بن أمية بن عبد شمس بن عبد مناف بن قصي، وأمها صفية بنت أبي العاص بن أمية بن عبد شمس. عمة عثمان بن عفان (رضي الله عنه).

تزوجها عبيد الله بن جحش بن رباب بن يعمر بن صبرة بن مرة بن كبير بن غنم بن دودان بن أسد بن خزيمة حليف حرب بن أمية، فولدت له حبيبة، فكنيت بها، فتزوج حبيبة داود بن عروة بن مسعود الثقفي، وكان عبد الله بن جحش هاجر بأم حبيبة إلى أرض الحبشة في الهجرة الثانية فتنصر وارتد عن الإسلام وتوفي بأرض الحبشة، وثبتت أم حبيبة على دينها الإسلام وهجرتها، وكانت قد خرجت بابنتها حبيبة بنت عبيد الله بن جحش معها في الهجرة إلى أرض الحبشة ورجعت بها معها إلى مكة(٢).

بعد انقضاء عدة أم حبيبة، بعث رسول الله صلى الله عليه وسلم عمرو بن أمية الضمري، إلى النجاشي، ملك الحبشة فخطب عليه أم حبيبة بنت أبي سفيان، فزوجها إياه، وأصدقها النجاشي من عنده عن رسول الله صلى الله عليه وسلم أربع مئة دينار.

فأرسلت أم حبيبة إلى خالد بن سعيد بن العاص بن أمية (وهو أقرب الناس إليها في الحبشة). فوكلته بتزويجها فلما كان العشي، أمر النجاشي جعفر بن أبي طالب ومن هناك من المسلمين، فحضروا، فخطبهم فقال:-

الحمد لله الملك القدوس، السلام المؤمن المهيمن العزيز الجبار، أشهد أن لا إله إلا الله، وان محمداً عبده ورسوله، وأنه الذي بشر به عيسى بن مريمصلى الله عليه وسلم.

أما بعد فإن رسول الله كتب إلي أن أزوجه أم حبيبة بنت أبي سفيان. فأجبت إلى ما دعا إليه رسول الله وقد أصدقها أربع مئة دينار. ثم تكلم وكيلها خالد بن سعيد، فقال:-

الحمد لله، أحمده وأستعينه واستغفره، وأشهد أن لا إله إلا اللـه، وان محمداً عبده ورسوله، أما بعد، فقد أجبت إلى ما دعا إليه رسول اللـه وزوجته ام حبيبة. فبارك اللـه رسول اللـه، ودفع النجاشي الدنانير إلى خالد بن سعيد بن العاص فقبضها، ثم أرادوا أن يقوموا فقال:- اجلسوا، فإن سنة الأنبياء إذا تزوجوا أن يؤكل طعام على التزويج، فدعا بطعام فأكلوا وتفرقوا، وكان ذلك سنة سبع من الهجرة.

وجهزها النجاشي إلى الرسول صلى اللـه عليه وسلم وبعث بها مع شرحبيل بن حسنة إلى المدينة. وكان لها يومذاك بضع وثلاثون سنة. ولما بلغ أبا سفيان بن حرب نكاح النبي صلى اللـه عليه وسلم ابنته، قال:

ذلك الفحل لا يقرع أنفه، يعني أنه كف كريم لا يرد.

ولما شاع في أرجاء الجزيرة، ان قريشاً نقضت عهد الحديبية، ولاحت نذر الخطر في مكة. فاجتمع قادتها يتشاورون في أمر محمد، الذي يوشك أن ينقض عليهم. وقد صاروا يهابونه ويحسبون له ألف حساب.

ثم استقر رأيهم على أن يوفدوا رسولاً منهم إلى المدينة، يفاوض محمداً صلى اللـه عليه وسلم في تجديد الهدنة، وقد أجلها عشر سنين، فاختاروا لذلك أبا سفيان بن حرب.

وخرج أبو سفيان مكرهاً يريد المدينة فلما بلغها اشفق من لقاء الرسول صلى اللـه عليه وسلم فقصد ابنته (أم حبيبة) وفوجئت هي به يدخل بيتها، وتقدم ليجلس على الفراش.

فما راعه إلا ابنته رملة، التي اختطفت الفراش وطوته عنه! فقال لها: أطويته يا بنية رغبة بي عن الفراش، أم رغبة بالفراش عني؟

فقالت:- هو فراش رسول اللـه صلى اللـه عليه وسلم وأنت أمرؤ مشرك نجس، فلم أحب أن تجلس عليه.

قال: يا بنية أقد أصابك بعدي شيء؟

قالت:- هداني الله للإسلام. وأنت يا أبتي سيد قريش وكبيرها. كيف يسقط عنك الدخول في الإسلام. وأنت تعبد حجر لا يسمع ولا يبصر؟

فقال: يا عجباه! وهذا منك أيضاً! أأترك ما كان يعبد آبائي، واتبع دين محمد؟ ثم قام من عندها. وذكر الحديث.

يروى أنها روت عدة أحاديث، وقد حدث عنها أخوها، الخليفة معاوية ، وعتبة، وابن أخيها عبد الله بن عتبة بن أبي سفيان وعروة بن الزبير، وصفية بنت شيبة، وزينب بنت أبي سلمة، وآخرون.(٣)

وقال خليفة بن خياط – تزوجها رسول الله صلى الله عليه وسلم في سنة ست، ودخل بها في سنة سبع من الهجرة وسمعت أم حبيبة النبي صلى الله عليه وسلم وحدثت عن زينب بنت جحش عنه عليه السلام. أيضاً روت عنها زينت بنت أبي سلمة بن عبد الأسد، في الجنائز، والنكاح، والطلاق وبدء الخلق. وصفة النبي صلى الله عليه وسلم والفتن.(٤)

يروى عن السيدة عائشة (رضي الله عنها تقول):-

دعتني أم حبيبة زوج النبي صلى الله عليه وسلم عند موتها. فقالت : قد كان يكون بيننا ما بين الضرائر، فغفر الله لي ولك ما كان من ذلك.

فقلت :- غفر الله لك ذلك كله، وتجاوز، وصلك من ذلك.

فقالت : سررتني سرك الله.

وأرسلت إلى أم سلمة. فقالت لها مثل ذلك، وتوفيت سنة أربع وأربعين. في خلافة معاوية بن أبي سفيان(٥).

ويروى أن الرسول صلى الله عليه وسلم:- تزوج أم حبيبة في سنة ست من التاريخ وتوفيت أم حبيبة سنة أربع وأربعين (٦).

أم حـرام

هي بنت ملحان، أخت ام سليم. أمها مليكة بنت مالك بن عدي من بني النجار، وهي خالة أنس بن مالك. خادم النبي صلى الله عليه وسلم.

تزوجها عبادة بن الصامت الخزرجي، فولدت له محمداً وبقيت معه حتى ماتت.

وكان رسول الله صلى الله عليه وسلم يكرمها ويزورها في بيتها. ويقيل عندها، وقد أخبرها أنها ستموت شهيدة.

وروي عن أنس بن مالك، عن خالته أم حرام. أن رسول الله صلى الله عليه وسلم نام أو قال في بيتها. فاستيقظ وهو يضحك. فقالت:- يا رسول الله صلى الله عليه وسلم، ، ما يضحكك؟

قال:- عرض علي ناس من أمتي يركبون هذا البحر كالملوك على الأسرة. قالت:- يا رسول الله. ادع الله أن يجعلني منهم، قال: أنت من الأولين (وفي رواية :- إنك منهم).

ثم نام فاستيقظ وهو يضحك، فقالت:- يا رسول الله، ما يضحكك؟ قال: عرض علي ناس من أمتي يركبون ظهر البحر الأخضر كالملوك على الأسرة.

قالت: يا رسول الله، أدع الله أن يجعلني منهم، قال:- أنت من الأولين.

ولقد خرجت مع زوجها عبادة بن الصامت، غازيين في سبيل الله، فلما بلغا قبرص، ركبت بغلة، فصرعتها فقتلتها. وكانت تلك الغزوة سنة سبع وعشرين هجرية. وكان أمير ذلك الجيش معاوية بن أبي سفيان (في خلافة عثمان بن عفان رضي الله عنه)، وكان معه أبو الدرداء وأبو ذر وغيرهما من الصحابة ويعرف قبر أم حرام في قبرص باسم قبر المرأة الصالحة.

أم حكيم بنت وداع

هي خزاعية، كانت من المهاجرين، وروي عنها أنها سمعت النبي صلى الله عليه وسلم يقول: "عجلوا الإفطار، وأخروا السحور". وقالت:- قلت للنبي صلى الله عليه وسلم ما جزاء الغني من الفقير؟

قال:- "النصيحة والدعاء".

وقيل عنها أنها سمعت النبي صلى الله عليه وسلم يقول: "دعاء الوالد يفضي إلى الحجاب".

أي أن دعاء الوالد على ولده أوله مستجاب.

ولذلك يجب على الولد أن يطيع والديه، ويتحرى رضاهما ويتجنب سخطهما. مسترشداً بقول الخالق عز وجل:-

"فلا تقل لهما أفٍّ ولا تنهرهما وقل لهما قولاً كريماً" (٧) ليسعد في دنياه وآخرته.

أم خالد بنت خالد بن سعيد

كان خالد بن سعيد بن العاص الأموي من أوائل من استجاب لدعوة الحق، ولقي في سبيلها من العنت ما لقيه سائر المسلمين، وعندما أمر رسول الله صلى الله عليه وسلم أصحابه بالهجرة إلى الحبشة كان خالد بن سعيد وزوجته همينة بنت خلف الخزاعية ممن هاجر إليها بدينه.

وفي الحبشة ولد لخالد بن سعيد مولودة أنثى أسماها أمة، واشتهرت بكنيتها:- أم خالد وعندما أذن رسول الله صلى الله عليه وسلم لمهاجري الحبشة بالقدوم إلى المدينة حملهم النجاشي في سفينتين. وقال لهم وهو يودعهم: أقرئوا جميعاً رسول الله مني السلام.

قالت أم خالد:- فكنت ممن أقرأ رسول الله صلى الله عليه وسلم من النجاشي السلام.

ودرجت أم خالد في المدينة المنورة في مجتمع إسلامي مثالي تتعلم منه مثل الإسلام العليا، وتعيش سعادة الروح وطمأنينة الإيمان.

وذات يوم من أيام الرسول في المدينة أتى إليها بثياب فيها خميصة، والخميصة ثوب من صوف أسود فيها أعلام، فقال رسول الله صلى الله عليه وسلم لمن حوله:- من ترون أكسو هذه؟

فسكت القوم انتظاراً لمعرفة صاحبة الحظ السعيد.

فقال رسول الله صلى الله عليه وسلم:- أئتوني بأم خالد.

فلما جاءت ألبسها رسول الله صلى الله عليه وسلم الخميصة بيده وهو يقول:- ابلي واخلفي، ابلي واخلفي، يدعو لها بطول العمر.

وتزوجت أم خالد الزبير بن العوام، فولدت له خالداً، وبه كانت تكنى حتى قبل الزواج وقبل ولادته، فكأنها اختارت الاسم مطابقاً لكنية، ثم ولدت له عمراً.

وعاشت ام خالد عمراً طويلاً حتى أنها كانت آخر الصحابيات موتاً.

أم رومـان

هي بنت عامر بن عويمر بن عبد شمس بن عتاب.. من مالك بن كنانة. كانت امرأة الحارث بن سخبرة بن جرثومة الخير.. الأزدي، فولدت له الطفيل. وقدم زوجها الحارث من السراة إلى مكة، ومعه أم رومان، وولده منها، فحالف أبو بكر الصديق.

ثم مات الحارث بمكة، فتزوج أبو بكر أم رومان، فولدت له عبد الرحمن وعائشة زوج النبي صلى الله عليه وسلم.

وأسلمت أم رومان بمكة قديماً، وبايعت وهاجرت إلى المدينة، مع أهل رسول الله صلى الله عليه وسلم وولده وأهل أبي بكر. حين قدم بهم في الهجرة.

وكانت أم رومان امرأة صالحة، وقد توفيت في عهد النبي صلى الله عليه وسلم بالمدينة. في ذي الحجة سنة ست من الهجرة. نقل حماد بن سلمة عن علي بن زيد عن القاسم بن محمد أنه قال:- لما دليت أم رومان في قبرها، قال رسول الله صلى الله عليه وسلم :- من سره أن ينظر إلى امرأة من الحور العين، فلينظر إلى أم رومان".

وفي حديث عفان "ونزل رسول الله صلى الله عليه وسلم في قبرها" فعائشة وعبد الرحمن هما أخوا الطفيل لأمة. قالت عائشة رضي الله عنهما:- لما هاجر رسول الله صلى الله عليه وسلم خلفنا وخلف بناته، فلما استقر، بعث زيد بن حارثة وبعث معه أبا رافع مولاه، وأعطاهما بعيرين وخمسمائة درهم يشتريان بها ما يحتاجان إليه من الظهر، وبعث أبو بكر معهما عبد الله بن أريقط، ببعيرين أو ثلاثة، وكتب إلى ابنه عبد الله أن يحمل أمي (أم رومان) وأنا وأختي أسماء. فخرجوا مصطحبين، وكان طلحة يريد الهجرة، فسار معهم، وخرج زيد وأبو رافع.

أم سلمة (رضي الله عنها)

هي هند بنت أبي أمية،واسمه: سهيل زاد الراكب بـن المغيرة بـن عبـد اللـه بـن عمـر بـن مخزوم. وأمها عاتكة بنت عامر بن ربيعة بن مالك بن جذيمة بن علقمة جذل الطعان بن فراس بن غنم بن مالك بن كنانة(٨).

وأما أبوها أبو أمية بن المغيرة واسمه:- حذيفة، كان يعرف، بـزاد الراكب. وهو أحـد أجواد قريش المشهورين بالكرم . (٩)

وهي من المهاجرات الأول. كانت قبل النبي صلى اللـه عليه وسلم عند أخيـه مـن الرضاعة. أبي سلمة بن عبد الأسد المخزومي ، الرجل الصالح.

تزوجها عبد الله بن عبد الأسد بن هلال بن عبد اللـه بن عمرو بن مخزوم المخزومي. أبـو سلمة – وهو مشهور بكنيته أكثر من اسمه، وكان أخاً للنبي صلى اللـه عليه وسلم وأخا لحمـزة (رضي اللـه عنه) من الرضاعة أرضعته ثويبة، مولاة أبي لهـب. أرضعت حمـزة ثم رسول اللـه صلى اللـه عليه وسلم ثم أبا سلمة. (١٠).

أسلم أبو سلمة (رضي اللـه عنه) بعد عشرة أنفس، وكان ابن عمـة النبي صلى اللـه عليه وسلم، وأمه بره بنت عبد المطلب بن هاشم. وهو أول من هـاجر إلى الحبشـة – مـع زوجته أم سلمة ثم قدما إلى مكة مع عثمان بن مظعون حين قدم الحبشـة، فأجاره أبو طالب.

وكان أبو سلمة، من مهاجري الحبشة، في الهجرتين جميعاً، ومعـه امرأتـه أم سـلمة بنت أبي أمية فيهما جميعاً(١١).

ولدت أم سلمة لأبي سلمة (رضي اللـه عنهما) أولاد صحابيين:- سلمة وهو الذي عقد لرسول اللـه صلى اللـه عليه وسلم على أم سلمة (رضي اللـه عنهما)، وقد توفي في خلافة عبد الملك بـن مروان.

وعمر، ويكنى أبا حفص، ولاه الخليفـة علـي بـن أبـي طالـب (رضي اللـه عنه) – فارس والبحرين – وتوفي في خلافة مروان بن الحكم.

ودرّه:- ربيبة رسول الله صلى الله عليه وسلم . والربيبة:- هي بنت الزوجة، مشتقة من الرّب. وهو الإصلاح لأنه يقوم بأمورها أو يصلح أحوالها.

وزينب:- ربيبة رسول الله صلى الله عليه وسلم ويقال ولدت بأرض الحبشة وتزوج النبي صلى الله عليه وسلم أمها وهي ترضعها (١٢).

ولما أجمع أبو سلمة الخروج إلى المدينة رحّل بعيراً له وحمل معه أم سلمة وابنها. ثم خرج يقود بعيره فلما رآه رجال بني المغيرة بن عبد الله بن عمر بن مخزوم قاموا إليه فقالوا:- هذه نفسك غلبتنا عليها أرأيت حاجتنا هذه علام تترك تسير بها في البلاد. ونزعوا خطام البعير من يده وأخذوا أم سلمة وابنها.

وغضبت عند ذلك بنو عبد الأسد وأهووا إلى سلمة، وقالوا:-و الله لا نترك ابنتنا عندها إذ نزعتموها من صاحبنا فتجاذبوا ابني سلمة حتى خلعوا يده وانطلق به عبد الأسد رهط أبي سلمة وحبست أم سلمة في بني المغيرة . وتقول أم سلمة انطلق أبو سلمة حتى لحق بالمدينة ففرق بينها وبين زوجها وبين ابنها فقالت:-فكنت أخرج كل غداة فأجلس بالأبطح فما أزال أبكي حتى أمسي، سنة أو قريبها حتى مر بي رجل من بني عمي من بني المغيرة فرأى ما بي فرحمني، فقال لبني المغيرة:- ألا تخرجون هذه المسكينة فرقتم بينها وبين زوجها وبين ابنها فقالوا لي:- الحقي بزوجك إن شئت.

وفي المدينة، علقت أم سلمة على تربية أولادها، وتفرّغ زوجها للجهاد، فهذه بدر يشهدها أبو سلمة، ويعود منها مع المسلمين، وقد انتصروا نصراً مؤزراً.

وشهد ابو سلمة – رضي الله عنه – أحداً- فجرح جرحاً على عضده، فأقام شهراً يداوى. فلما جاء محرم على رأس خمسة وثلاثين شهراً من الهجرة، دعاه رسول الله صلى الله عليه وسلم فقال (اخرج في هذه السرية فقد استعملتك عليها) وعقد له لواء.

وقال:- (سر حتى تأتي أرض بني أسد، فأغر عليهم). وأوصاه بتقوى الله ومن معه من المسلمين خيراً.

وخرج معه في تلك السرية، مائه وخمسون، فانتهى إلى أدنى قطن - وهو ماء لبني أسد، وكان هناك طليحة الأسدي وأخوه سلمة - ابنا خويلد، وقد جمعا حلفاء من بني أسد ليقصدوا حرب النبي صلى الله عليه وسلم .

فجاء رجل منهم إلى النبي صلى الله عليه وسلم فأخبره بما اتفقوا عليه، فبعث معه أبا سلمة في سريته هذه، فلما انتهوا إلى أرضهم - وتفرقوا وتركوا نعماً كثيراً لهم من الإبل والغنم.

فأخذ ذلك كله أبو سلمة، وأسر منهم معه ثلاثة محاليك وأقبل راجعاً إلى المدينة. فأعطى ذلك الرجل الأسدي الذي دلهم. نصيباً وافر من المغنم، وأخرج صفي النبي صلى الله عليه وسلم عبداً. وخمس الغنيمة وقسمها بين أصحابه. ثم قدم المدينة فانتقض به الجرح، فاشتكى.

ثم مات لثلاث ليال مضين من جمادى الآخرة، ولما حضرت أبا سلمة بن عبد الأسد، الوفاة، حضره النبي صلى الله عليه وسلم وبينه وبين النساء ستر مستور. فبكين، فقال رسول الله صلى الله عليه وسلم (إن الميت يحضر، ويؤمن على ما يقول أهله، وان البصر ليشخص للروح حين يعرج بها))(١٣).

فغسل من البسيرة بئر بني أمية بن زيد، بالعالية، وكان ينزل هناك، حين تحول من قباء. غسل بين قرني البئر، وكان اسمها في الجاهلية - العبير- فسماها الرسول عليه السلام، البسيرة - ثم دفن بالمدينة.

زواجها من النبي صلى الله عليه وسلم :

ان أم سلمة قالت :- قال أبو سلمة. قال رسول الله صلى الله عليه وسلم :- (إذا أصاب أحدكم مصيبة فليقل إنا لله وإنا إليه راجعون، اللهم عندك احتسبت مصيبتي فأجرني فيها وأبدلني بها ما هو خير منها).

فلما احتضر أبو سلمة قال:- اللهم اخلفني في أهلي بخير، فلما قبض قلت:- إنـا لله وإنـا إليه راجعون، اللهم عندك احتسبت مصيبتي فأجرني فيها. وأردت أن أقول:- وأبدلني بها خـيراً فيها فقلت:- من خير من أبي سلمة؟ فما زلت حتى قلتها.

فلما انقضت عدتها خطبها أبو بكر فردته، ثم خطبها عمر فردته. فبعث إليها رسول اللـه صلى الله عليه وسلم ، فقالت: مرحباً برسول اللـه وبرسوله، أخبر رسول اللـه اني امرأة غـيرى واني مصيبة وأنه ليس أحد من أوليائي شاهد.

فبعث إليها رسول اللـه صلى اللـه عليه وسلم (أما قولك إني مصيبة فإن اللـه سيكفيك صبيانك، وأما قولك إني غيرى فسأدعو اللـه أن يذهب غيرتك، وأمـا الأوليـاء فليس أحد مـنهم شاهد ولا غائب إلا سيرضاني.(١٤)

وان الذي تولى عقدها عليه صلى اللـه عليه وسلم أبنها سلمة بن أبي سلمة وهو أكبر ولدها، لأن اباه ابن عمها. فللابن ولاية أمه إذا كان سبباً لها من غير جهة البنوة بالإجماع.(١٥)

ولما تزوج النبي صلى اللـه عليه وسلم، أم سلمة قال لهـا:- (إني قـد أهـديت إلى النجاشي أواقي من مِسك وحلة وإني لا أراه إلا قد مات ولا أرى الهدية التي أهـديت إليه إلا سـترد إلي. فإذا ردت إلي فهي لك).

وكما قال النبي صلى اللـه عليه وسلم : مات النجاشي وردت إليه هديته. فأعطى كـل امرأة من نسائه أوقية من مسك. وأعطى سائره أم سلمة وأعطاها الحُلة. (١٦)

منزلة أم سلمة "رضي اللـه عنها" :

في حديث عائشة – رضي اللـه عنها - :-

((لما تزوج رسول اللـه صلى اللـه عليه وسلم أم سلمة، حزنت حزناً شديداً لما ذكر لنا من جمالها.

فتلطفت حتى رأيتها، فرأيت و اللـه أضعاف ما وصفت به، فذكرت ذلك لحفصة، فقالت:

((هل هي كما يقال))...وذكرت كبر سنها...

((فرأيتها بعد ذلك، فكانت كما قالت حفصة، ولكني كنت غيرى))

هذه هي نظرة المرأة إلى ضرتها، فقد تراها لغيرتها منها – جميلة جداً – لأول وهلة، وقد تراها على العكس من ذلك تماماً، وهذا هو الشائع كثيراً.

وليست الغيرة مقصورة على نساء العاديين، بل تشمل نساء الأنبياء، عليهم الصلاة والسلام، كما عرفنا عن أمهات المؤمنين رضي اللـه عنهن جميعاً.

وليس في ذلك ما ينقص من شأن المرأة أو احترامها، لأن هذه طبيعتها السوية، لكن ، ليس من الغيرة السوية، حوك المؤامرات للضرة، والإيقاع بها، ليبقى الزوج لها وحدها.

كانت أم سلمة تتمتع بمنزلة عالية في البيت النبوي، فقد أبت على (عمر) أن يتكلم في مراجعة أمهات المؤمنين لزوجهن الرسول صلى اللـه عليه وسلم، وقالت له مفكرة:-

((عجباً لك يا بن الخطاب، قد دخلت في كل شيء، حتى تبتغي أن تدخل بين رسول اللـه وأزواجه!

قال عمر:- ((فأخذتني أخذا كسرتني به عن بعض ما كنت أجد))

وما قالت كلمتها هذه إلا وهي مدلة بمكانتها عند النبي صلى اللـه عليه وسلم وفي بيته.

حكمتها ورجاحة عقلها:

في العام السادس للهجرة، خرج رسول اللـه صلى اللـه عليه وسلم ومعه أصحابه قاصداً بيت اللـه الحرام معتمراً، واصطحب معه في خروجه هذا زوجته أم سلمة.

وعندما وصل - عليه السلام - إلى مكان بالقرب من مكة يقال له الحديبية، وقعت قريش في طريقه، وأبت أن يدخل عليها مكة.

ولم يكن رسول اللـه صلى اللـه عليه وسلم قد قصد مكة محارباً، بـل قصدها معتمراً، وساق معه الهدي إعلاناً لمقصده السلمي. وعندما منعته قريش من الدخول لم يحاول أن يدخل عنوة بقوة السلاح، فلجأ إلى مفاوضة قريش.

وانتهت المفاوضة بالصلح المشهور الذي عرف بصلح الحديبية، وعندما عرف الصحابة بشروط هذا الصلح رأوا أنه صلحاً مجحفاً بالمسلمين.. بل رأى بعضهم أنه صلح مذل للمسلمين.

وانتاب المسلمين من جراء هذا الصلح غم كبير وهم عظيم.. فجاء عمر ابن الخطاب إلى رسول اللـه صلى اللـه عليه وسلم متأثراً محتداً .. وما كان له أن يجيء كذلك .. فقال لرسول اللـه : ألست نبي اللـه حقاً؟

قال: بلى .

قال عمر:- ألسنا على الحق وعدونا على الباطل؟

قال رسول اللـه صلى اللـه عليه وسلم : بلى.

قال عمر:- فلم نعط الدنية في ديننا إذن؟

قال رسول اللـه صلى اللـه عليه وسلم إني رسول اللـه، ولست أعصيه، وهو ناصري.

ثم إن النبي صلى اللـه عليه وسلم أمر أصحابه أن يقوموا فينحروا ثم يحلقوا فما قام منهم رجل. فلما لم يقم منهم أحد دخل على أم سلمة فذكر لها ما لقي من الناس، فقالت أم سلمة:- يا نبي اللـه أتحب ذلك؟ أخرج، ثم لا تكلم أحداً منهم كلمة حتى تنحر بدنك، وتدعو حالقك فيحلقك)).

ورضي رسول الله صلى الله عليه وسلم بمشورة أم سلمة، وأخذ بها وخرج على أصحابه، فما كلم منهم أحداً، وعمد إلى بدنه فنحرها، ودعا حالقه فحلق له.

وعندما رأى الصحابة رسولهم يفعل ذلك أسرعوا إلى بدنهم فنحروها.. وإلى شعورهم فحلقوها.

وهذا يدل على أنها كانت مع رسول الله صلى الله عليه وسلم حين كان أهل بعمرة عام الحديبية. وقد خرجت مع الرسول صلى الله عليه وسلم في بضع غزواته فقد شهدت غزوة الطائف وغزوة خيبر.

وفاتها:

توفيت أم سلمة رضي الله عنها في أول خلافة يزيد بن معاوية سنة ستين، وقيل انها توفيت في شهر رمضان أو شوال سنة تسع وخمسين. وصلى عليها أبو هريرة – ودخل قبرها عمر وسلمة وعبد الله بن وهب بن زمعة، ودفنت بالبقيع رضي الله عنها.

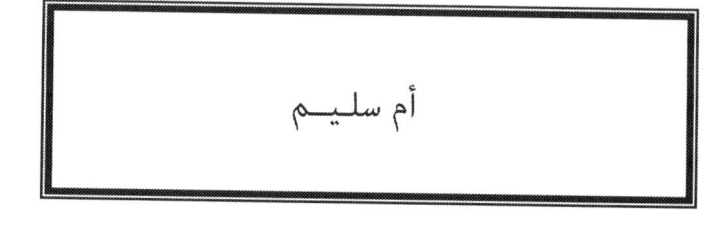

أم سليـم

هي بنت ملحان بن خالد بن زيد بن حرام، من بني النجار، وهـي الغميصـاء، ويقـال الرميصـاء، أم أنس بن مالك.

وقد اختلف في اسمها، فقيل سهلة، وقيل رميلة، وقيل رميثة، وقيل مليكة.

تزوجها مالك بن النضر (والد أنس بن مالك) في الجاهليـة، فلـما جـاء اللـه بالإسلام أسـلمت مع قومها، وعرضت الدين الجديد على زوجها، فغضب عليها، وخرج إلى الشام، ومات هناك كافراً.

ثم خطبها بعده أبو طلحة الأنصاري، وقد كان مشركاً فقالت له: أما إني فيك لراغبة، وما مثلك يـرد، ولكنك كافر، وأنا امرأة مسلمة، فإن تسلم فلك مهري، ولا أسألك غيره، فأسلم وتزوجها وحسن إسـلامه، فولدت له غلاماً مات صغيراً، هو أبو عمير، كان معجباً به، فأسف عليه. ثم ولدت له عبـد اللـه، الـذي دعا له النبي صلى اللـه عليه وسلم قبل أن يولد، فقال لوالديه:-بارك اللـه لكما في ليلتكما.

ورزق عبد اللـه أولاداً صالحين، هم أسحق واخوته (فكانوا عشرة) كلهم حمل عنه العلم.

ولا سلام أبي طلحة قصة، يحسن بنا أن نعرفها، فقد كان معجباً بـأم سـليم، وكـان يرغـب في الـزواج منها وهو على دينه، فأبت أم سليم ذلك، وحاولت أن تقنعه بالإسلام، فقالت له:- أرأيت حجـراً نعبـده، لا يضرك ولا ينفعك، أو خشبة يأتي بها النجار، فينحرها لك هل يضرك؟ هل ينفعك؟ قال، فوقـع في قلبـه الذي قالت، وقال:- أشهد أن لا إله إلا اللـه وان محمداً رسول اللـه. فالتفتت إلى ابنها قائلة:- يا أنـس، زوج أبا طلحة، فتزوجها، وكان صداقها الإسلام، لم تأخذ من أبي طلحة شيئاً.

وكانت تقـول: لا أتزوج حتى يبلغ أنس، ويجلس في المجالس، فيقول:- جزى اللـه أمـي عنـي خـيراً، لقد أحسنت ولايتي.

وكان ابنها (أنس بن مالك) خادم رسول الله صلى الله عليه وسلم، وان أم سليم لما قدم النبي صلى الله عليه وسلم قالت:- يا رسول الله، هذا أنس يخدمك، وكان حينئذٍ ابن عشر سنين، فخدم النبي (عليه السلام) منذ قدم المدينة حتى مات، فاشتهر بخادم النبي صلى الله عليه وسلم ودعا له الرسول صلى الله عليه وسلم فقال:- اللهم أكثر ماله وولده، وبارك له فيما أعطيته.

وروت عن النبي صلى الله عليه وسلم عدة أحاديث، روى عنها ابنها أنس، وابن عباس، وزيد ابن ثابت وأبو سلمة بن عبد الرحمن، وآخرون.

وكان رسول الله صلى الله عليه وسلم يزور أم سليم فتتحفه بالشيء تصنعه له ، ولم يكن - عليه السلام- يدخل بيتاً غير بيت أم سليم وبيت أم الفضل إلا على أزواجه ، فقيل له، فقال :- إني أرحمها، قتل أخوها وأبوها معي وقد كان يدخل بيتها وبيت أختها أم حرام، وكانتا في دار واحدة.

قال أنس بن مالك:- كان النبي صلى الله عليه وسلم يزور أم سليم أحياناً، فتدركه الصلاة فيصلي على بساط لنا، وهو حصير ينضحه بالماء.

وقال أنس:- كان لي أخ صغير يكنى أبا عمير، فزارنا النبي صلى الله عليه وسلم يوماً، فقال:- يا أم سليم، ما شأني أرى أبا عمير ابنك خاثر النفس؟ فقالت يا نبي الله، كانت صعوه له كان يلعب بها، قال فجعل النبي صلى الله عليه وسلم يمسح برأسه، ويقول: يا أبا عمير، ما فعل النغير؟

قالت أم سليم:- كان رسول الله صلى الله عليه وسلم يقيل في بيتي (وكان مِعراقاً)، فكنت آخذ سُكا فأعجنه بعرقه. فاستيقظ - عليه السلام- مرة فقال ما تجعلين يا أم سليم؟ قالت: باقي عرقك أريد أن أدوف به طيبي. وفي رواية أخرى قالت:- آخذ هذا للبركة التي تخرج منك، قال أنس: دخل النبي صلى الله عليه وسلم على أم سليم فأتته بتمر وسمن - فقال :- أعيدوا سمنكم في سقائكم. وتمركم في وعائكم، فإني صائم، ثم قام في ناحية البيت، فصلى صلاة غير مكتوبة، فدعا لأم سليم ولأهل بيتها.

قال النبي صلى الله عليه وسلم لأم سليم: ما لأم سليم لم تحج معنا العام؟ قالت:- يا نبي الله، كان لزوجي ناضحان، فأما أحدهما فحج عليه، وأما الآخر فتركه يسقي عليه نخلة، قال: فإذا كان رمضان أو شهر الصوم فاعتمري فيه، فإن عمرة فيه مثل حجة، أو تقضي مكان حجة.

أم عطية الأنصارية

هي نسيبة بنت الحارث، أسلمت وبايعت رسول الله صلى الله عليه وسلم وغزت معه، وروت عنه.

قالت أم عطية:- غزوت مع رسول الله صلى الله عليه وسلم سبع غزوات، فكنت أصنع لهم طعامهم، وأخلفهم في رحالهم، وأداوي الجرحى، وأقوم على المرضى.

وقالت أم عطية:- لما ماتت زينب بنت رسول الله صلى الله عليه وسلم، قال لنا النبي صلى الله عليه وسلم "اغسلْنَها وتراً، ثلاثاً أو خمساً، واجعلن في الخامسة كافوراً أو شيئاً من كافور، وإذا غسلتنّها فاعلمنني"، فلما غسلناها أعلمناه، فأعطانا حقوة، فقال:- أشعرنها إياه". وروى الحديث السابق يزيد بن هارون وإسحاق الأزرق وروح بن عبادة عن هشام بن حسان عن حفصة: قالت: حدثتني أم عطية قالت:- توفيت إحدى بنات رسول الله، فقال:- اغسلنها وتراً، ثلاثاً أو خمساً أو أكثر من ذلك أن رأيتن ذلك، واغسلنها بماء وسدر، واجعلن في الآخرة كافوراً أو شيئاً من كافور. وإذا فرغتن فآذنني. فقالت: فآذناه، فألقى إلينا حقوة، فقال:- أشعرنها هذا. قالت: فضفرنا شعرها ثلاثة أثلاث، قرنيها وناصيتها، وألقينا خلفها مقدمها.

أم عُمارة

هي نسيبة بنت كعب بن عمرو بن عوف... من بني مازن بن النجار، وأمها الرباب بنت عبد الله بن حبيب بن زيد بن ثعلبة، وينتهي نسبها إلى جشم بن الخزرج، وكنيتها أم عُمارة. وهي أخت عبد الله بن كعب، الذي شهد بدراً، وأخت أبي ليلى عبد الرحمن بن كعب لأبيهما وأمهما. تزوجها ابن عمها زيد بن عاصم بن عمرو ابن عوف، فولدت له عبد الله وحبيباً، اللذين صحبا النبي صلى الله عليه وسلم ثم خلف عليها غزية بن عمرو بن عطية، من بني النجار فولدت له تميماً وخولة.

أسلمت أم عمارة، وحضرت ليلة العقبة، وبايعت رسول الله صلى الله عليه وسلم. وشهدت أم عمارة أحد مع زوجها غزية بن عمرو وابنيها، وخرجت معهم بشن لها، في أول النهار، تريد أن تسقي الجرحى، فقاتلت وأبلت بلاءً حسناً، وجرحت اثني عشر جرحاً بين طعنة برمح أو ضربة بسيف.

قالت أم سعيد بنت سعد بن ربيع:- دخلت على أم عمارة، فقلت :- حدثيني خبرك يوم أحد، فقالت :- خرجت أول النهار إلى أحد، وأنا أنظر ما يصنع الناس، ومعي سقاء فيه ماء. فانتهيت إلى رسول الله صلى الله عليه وسلم وهو في أصحابه والريح للمسلمين، فلما انهزم المسلمون انحزت إلى رسول الله صلى الله عليه وسلم فجعلت أباشر القتال، وأذب عن رسول الله صلى الله عليه وسلم بالسيف، وأرمي القوس ، حتى خلصت إلي الجراح. قالت أم سعيد:- فرأيت على عاتقها جرحاً له غور أجوف، فقلت : يا أم عمارة، من أصابك هذا؟ قالت: أقبل ابن قميئة، وقد ولى الناس عن رسول الله - يصيح- دلوني على محمد، فلا نجوت إن نجا!!فاعترض له مصعب بن عمير وناس معه، فكنت فيهم، فضربني هذه الضربة، ولقد ضربته على ذلك ضربات، ولكن عدو الله، كان عليه درعان.

وكان ضمرة بن سعيد المازني يحدث عن جدته، وكانت قد شهدت أحد تسقي الماء- قالت: سمعت رسول الله صلى الله عليه وسلم يقول: لمقام نسيبة بنت كعب اليوم، خير من مقام فلان وفلان. وكان يراها يومئذٍ تقاتل أشد القتال، وإنها لحاجزة ثوبها

على وسطها، حتى جرحت ثلاثة عشر جرحاً، وكانت تقول إني لأنظر إلى ابن قميئة وهو يضربها على عاتقها، وكان أعظم جراحها، فداوته سنة.

ثم نادى رسول الله صلى الله عليه وسلم إلى حمراء الأسد، فشدت عليها ثيابها، فما استطاعت من نزف الدم، ولقد مكثنا ليلتنا نكمد الجراح حتى أصبحنا.فلما رجع رسول الله صلى الله عليه وسلم من الحمراء، ما كاد يصل إلى بيته حتى أرسل إليها عبد الله بن كعب المازني، يسأل عنها، فرجع إليه يخبره بسلامتها، فسر بذلك النبي صلى الله عليه وسلم.

حدثت أم عمارة عن نفسها – في معركة أحد – فقال:- قد رأيتني وقد انكشف الناس عن رسول الله صلى الله عليه وسلم، فما بقي إلا في نفر ما يتمون عشرة، وأنا وأبنائي وزوجي بين يديه، نذب عنه والناس يمرون به منهزمين، ورآني لا ترس معي، فرأى رجلاً مولياً، معه ترس، فقال لصاحب الترس: ألق ترسك إلى من يقاتل، فألقى ترسه، فأخذته، فجعلت أتترس به عن رسول الله، وإنما فعل بنا الأفاعيل أصحاب الخيل ، لو كانوا رجاله قبلنا – أصبناهم إن شاء الله، فأقبل رجل على فرس، فضربني وتترست له، فلم يصنع سيفه شيئاً وولى، وضربت عرقوب فرسه، فوقع على ظهره. فجعل النبي صلى الله عليه وسلم يصيح: يا ابن أم عمارة، أمك، أمك! قالت:- فعاونني عليه حتى قتلته. قال عبد الله بن زيد (ابن أم عمارة):- جرحت يومئذٍ جرحاً في عضدي اليسرى، ضربني رجل كأنه الرقل، ولم يعرج علي، ومضى عني. وجعل الدم لا يرقا، فقال رسول الله صلى الله عليه وسلم : أعصب جرحك، فتقبل أمي إلي، ومعها عصائب في حقويها قد أعدتها للجراح، فربطت جرحي، والنبي واقف ينظر إلي، ثم قالت: انهض بني فضارب القوم، فجعل النبي صلى الله عليه وسلم يقول: ومن يطيق ما تطيقين يا أم عمارة! قالت :- وأقبل الرجل الذي ضرب ابني، فقال رسول الله:- هذا ضارب ابنك، قالت:- فرأيت رسول اله يبتسم حتى رأيت نواجذه، وقال: استقدت يا أم عمارة، ثم أقبلنا نعله بالسلاح حتى أتينا على نفسه، فقال النبي صلى الله عليه وسلم:الحمد لله الذي ظفرك وأقر عينك من عدوك، وأراك ثأرك بعينك. قال عبد الله بن زيد بن عاصم:- شهدت أحداً مع رسول الله، فلما تفرق الناس عنه دنوت منه أنا وأمي نذب عنه، فقال صلى الله عليه وسلم: ابن أم عمارة؟ قلت نعم-

قال: إرم، فرميت بين يديه رجلاً من المشركين بحجر، وهو على فرس، فاضطرب الفرس حتى وقع هو وصاحبه، وجعلت أعلوه بالحجارة، حتى نضدت عليه منها وقراً، والنبي صلى الله عليه وسلم ينظر ويبتسم. ونظر جرح أمي على عاتقها فقال:- أمك أمك، أعصب جرحها ، بارك الله عليكم من أهل بيت، مقام أمك خير من مقام فلان وفلان.رحمكم الله أهل البيت، ومقام ربيبك (يعني زوج أمه) خير من مقام فلان وفلان، رحمكم الله أهل البيت.

قالت (أم عمارة):- ادع الله أن نرافقك في الجنة، فقال صلى الله عليه وسلم:- اللهم اجعلهم رفقائي في الجنة. فقالت :- ما أبالي ما أصابني من الدنيا. وشهدت الحديبية، وخيبر، وعمرة القضاء، وحنيناً، ويوم اليمامة وقطعت يدها.

وروت عن النبي صلى الله عليه وسلم أحاديث، فقالت أم عمارة:- دخل علي رسول الله صلى الله عليه وسلم عائداً لي، فقربت إليه طفيشلة وخبز شعير، قالت:- فأصاب منه وقال:- تعالي فكلي. فقلت:- يا رسول الله إني صائمة (في غير شهر رمضان) فقال:- إن الصائم إذا أكل عنده لم تترك الملائكة تصلي حتى يفرغ من طعامه.وشهدت يوم اليمامة - فقدمت المدينة وبها الجراحة، ولقد رئى أبو بكر يأتيها، يسأل بها، وهو يومئذٍ خليفة وأوصى خالد بن الوليد بها.

وأتى عمر بن الخطاب بمروط (كساء من صوف)، فكان فيها مرط جيد واسع، فقال بعضهم لو أرسلت بهذا المرط إلى زوجة عبد الله بن عمر ، صفية بنت أبي عبيد. فقال:- أبعث به إلى من هو أحق به منها، أم عمارة، نسيبة بنت كعب. سمعت رسول الله صلى الله عليه وسلم يقول يوم أحد: ما التفت يميناً ولا شمالاً إلا وأنا أراها تقاتل دوني.

وقد تزوجت أم عمارة ثلاثة، كلهم لهم منها ولد، غزية بن عمرو المازني، لها منه تميم بن غزية وتزوجت زيد بن عاصم بن كعب المازني، ولها منه خبيب الذي قطعه مسيلمة، وعبد الله بن زيد، قتل بالحرة، والثالث نسيبة، ومات ولده ولم يعقب.

أم كجة الأنصارية

هي امرأة أوس بن ثابت الأنصاري، فقد توفي أوس، وترك بنات وامرأة يقال لها أم كجة، فقام رجلان من بني عمه يقال لهما سويد وعرفجة، فأخذا ماله، ولم يعطيا امرأته ولا بناته شيئاً، فجاءت أم كجة إلى رسول الله صلى الله عليه وسلم فذكرت له، فنزلت آية المواريث.

قالت أم كجة للنبي صلى الله عليه وسلم : يا رسول الله إن لي ابنتين، قد مات أبوهما يوم أحد، وأخذ عمهما مالهما كله. فأنزل الله عز وجل :- (للرجال نصيب مما ترك الوالدان والأقربون، وللنساء نصيب مما ترك الوالدان والأقربون) (١٧)

ثم أنزل الله عز وجل :-

(يوصيكم الله في أولادكم للذكر مثل حظ الأنثيين)(١٨)

فأمر الرسول صلى الله عليه وسلم بإحضار المرأة والرجل (عم البنتين)، وقال للرجل:-

"أعطهما الثلثين، وأعط أمهما الثمن، وما بقي فهو لك" قال أبو داود:- هذا خطأ، وإنما هما ابنتا سعد بن الربيع، وأما ثابت بن قيس فقتل يوم اليمامة.

وأخرج الطبري من طريف بن جرج عن عكرمة، قال:-

نزلت في أم كجة وبنت أم كجة وثعلبة وأوس بن ثابت، وهم من الأنصار، أحد الرجلين زوجها، والآخر عم ولدها.

أم كلثوم بنت النبي (صلى الله عليه وسلم)

وأمها خديجة بنت خويلد بن أسد بن عبد الغُزّى بن قصي . تزوج أم كلثوم بنت رسول الله صلى الله عليه وسلم عُتيبة بن أبي لهب، فلم يَبنِ بها حتى بعث النبي صلى الله عليه وسلم، وكانت رقية عند أخيه عُتبة بن أبي لهب.

فلما أنزل الله عز وجل:- (تبت يدا أبي لهب) (١٩)

قال أبو لهب لابنيه عُتيبة وعتبة:- رأسي في رأسكما حرام ان لم تُطَلِقا ابنتي محمد. وقالت أمهما بنت حرب بن أمية، وهي حمالة الحطب: طلقاهما يا بني، فإنهما قد صبأتا فطلقاهما.

ولما طلق عُتيبة أم كلثوم، جاء إلى النبي صلى الله عليه وسلم حيث فارق أم كلثوم، فقال: كفرت بدينك، وفارقت ابنتك، لا تحبني ولا أحبك، ثم سطا عليه فشق قميص النبي صلى الله عليه وسلم (أما إني أسأل الله، أن يسلط عليك كلبة) فخرج في تجر من قريش حتى نزلوا بمكان من الشام يقال له - الزرقاء- ليلاً فطاف بهم الأسد في تلك الليلة، فجعل عُتيبة يقول:- يا ويل أمي ، هو و الله أكلي ما دعا علي محمد قاتلي وهو بمكة، وأنا بالشام! فعدا عليه الأسد من بين القوم فقتله.

سافرت أختها رقية إلى الحبشة مع زوجها عثمان، وبقيت أم كلثوم مع أختها الصغرى فاطمة وأمها البارة. إبان الاضطهاد القاسي، الذي كان يكابده الرسول صلى الله عليه وسلم من كفار قريش.

لقد تحملت أم كلثوم وفاطمة وولداهما من الثلة المسلمة وطأة الحصار القاتل، الذي فرضته عليهم قريش، في شعب أبي طالب.

وقد مرضت في ذلك الوقت السيدة خديجة (رضي الله عنها)، واشتد بها المرض، ولما انتهى الحصار، أسلمت روحها الطاهرة إلى بارئها، قبيل دخول ابنتها رقية البيت، بعد عودتها من الحبشة، مع زوجها عثمان، ثم هاجرت أم كلثوم مع والدها رسول الله صلى الله عليه وسلم إلى المدينة المنورة، ومضى عليها عامان في دار

الهجرة، شهدت خلالهما مزيجاً من الأفراح والأحزان، فقد شهدت فرحة المسلمين بانتصارهم في غزوة بدر، كما شهدت موت شقيقتها الحبيبة رقية.

تزوج عثمان بن عفان أم كلثوم، على مثل صداق رقية، ولذلك لقب بذي النورين. وكان ذلك في شهر ربيع الأول سنة ثلاث من الهجرة، وأدخلت عليه في هذه السنة في جمادى الآخر (٢٠)

وكان عثمان إذ توفيت رقية قد عرض عليه عمر بن الخطاب حفصة ابنته ليتزوجها. فسكت عثمان عنه لأنه قد كان سمع رسول الله صلى الله عليه وسلم يذكرها(٢١).

وروى سعيد بن المسيب أن النبي صلى الله عليه وسلم، رأى عثمان بعد وفاة رقية مهموماً لهفان. فقال له:- مالي أراك مهموماً؟ فقال:- يا رسول الله، وهل دخل على أحد ما دخل علي؟ ماتت ابنة رسول الله صلى الله عليه وسلم، التي كانت عندي، وانقطع ظهري، وانقطع الصهر بيني وبينك. فبينما هو يحاوره إذ قال النبي صلى الله عليه وسلم يا عثمان، هذا جبريل -عليه السلام- يأمرني عن الله عز وجل أن أزوجك أختها أم كلثوم، على مثل صداقها وعلى مثل عشرتها. فزوجه إياها.

وتوفيت أم كلثوم -رضي الله عنها - ولم تلد لعثمان شيئاً. وكان نكاحه لها في ربيع الأول، وبنى عليها في جمادى الآخرة من السنة الثالثة من الهجرة، وتوفيت في سنة تسع من الهجرة، وصلى عليها أبوها رسول الله صلى الله عليه وسلم ونزل في حفرتها عليّ والفضل، وأسامة بن زيد رضي الله عنهم جميعاً. وقد روي أن أبا طلحة الأنصاري أستأذن رسول الله صلى الله عليه وسلم أن ينزل معهم في قبرها، فأذن له. وغسلتها أسماء بنت عُميس، وصفية بنت عبد المطلب (٢٢).

أم كلثوم بنت عقبة

هي بنت عقبة بن أبي معيط، وأمها أروى بنت كريز بن ربيعة، يعود نسب أبويها إلى عبد شمس بن عبد مناف بن قصي.

أسلمت بمكة ، وبايعت قبل الهجرة، وهي أول من هاجر من النساء بعد أن هاجر رسول الله صلى الله عليه وسلم إلى المدينة. وهي القرشية الوحيدة التي خرجت من بين أبويها مسلمة مهاجرة إلى الله ورسوله، فقد خرجت من مكة مع رجل من خزاعة (اطمأنت إليه، لدخول خزاعة في عهد رسول الله وعقده). حتى قدمت المدينة في صلح الحديبية. وخرج في أثرها أخواها الوليد وعمارة أبنا عقبة، فقدما المدينة من الغد، فقالا:- يا محمد ، أوف لنا بشرطنا وما عاهدتنا عليه، فقال صلى الله عليه وسلم: قد نقض الله العقد في النساء، فانصرفا. وكانت أم كلثوم قد دخلت على أم سلمة (زوج النبي صلى الله عليه وسلم) متنقبة، فما عرفتها حتى انتسبت وكشفت النقاب، فقالت لها أم سلمة:- هاجرت إلى الله عز وجل وإلى رسول الله صلى الله عليه وسلم ؟ قالت :- نعم، وأنا أخاف أن يردني كما رد أبا جندل وأبا بصير، وحال الرجال ليس كحال النساء.

فلما دخل رسول الله صلى الله عليه وسلم على أم سلمة ، أخبرته خبر أم كلثوم، فرحب بها وسهل، ثم قالت له أم كلثوم: يا رسول الله، إني فررت إليك بديني فامنعني، ولا تردني إليهم لكيلا يفتنوني ويعذبوني، ولا صبر لي على العذاب، إنما أنا امرأة، وضعف النساء إلى ما تعرف.

فأبقاها رسول الله صلى الله عليه وسلم، ولم يردها إلى قريش، وفيها نزل قوله عز وجل:-

(يا أيها الذين آمنوا إذا جاءكم المؤمنات مهاجرات فامتحنوهن الله أعلم بإيمانهن، فإن علمتموهن مؤمنات فلا ترجعوهن إلى الكفار لا هن حل لهم ولا هم يحلون لهن)(٢٣).

فامتحنها رسول الله صلى الله عليه وسلم وامتحن النساء بعدها، وكان يقول لهن صلى الله عليه وسلم:- و الله ما أخرجكن إلا حب الله ورسوله والإسلام، وما خرجتن لزوج ولا مال، فإذا قلن ذلك تركن وحبسن فلم يرددن إلى أهليهن.

ولم تكن متزوجة في مكة، فلما قدمت المدينة تزوجها زيد بن حارثة بن شرحبيل الكلبي، ثم قتل عنها يوم مؤتة، فتزوجها الزبير بن العوام، فولدت له زينب، ثم طلقها، فتزوجها عبد الرحمن بن عوف، فولدت له إبراهيم وحميداً، ومنهم من يقول إنها ولدت لعبد الرحمن إبراهيم وحميداً ومحمداً وإسماعيل. ومات عنها، فتزوجها عمرو بن العاص، فمكثت عنده شهراً وماتت.

وهي أخت عثمان لأمه. روى عنها ابنها حميد بن عبد الرحمن، وروى عنها حميد بن نافع وغيره.

وروى عنها أنها سمعت رسول الله صلى الله عليه وسلم يقول:-

"ليس الكاذب الذي يقول خيراً، وينمي خيراً ليصلح بين الناس".

أم كلثوم بنت علي

هي بنت أمير المؤمنين علي بن أبي طالب بن عبد المطلب. وأمها فاطمة بنت رسول الله صلى الله عليه وسلم. تزوجها عمر بن الخطاب، رضي الله عنه، وهي جارية لم تبلغ، فلم تزل عنده إلى أن قتل، وولدت له زيد بن عمر، ورقية بنت عمر.

ثم تزوجها بعد عمر عون بن جعفر بن أبي طالب، فتوفي عنها، فخلف عليها أخوه عبد الله بن جعفر بن أبي طالب، بعد أختها زينب بنت علي.

فقالت أم كلثوم:- إني لأستحي من أسماء بنت عُميس، أن ابنيها ماتا عندي، وإني لا تخوف على هذا الثالث فهلكت عنده، ولم تلد لأحد منهم.

لما خطب عمر بن الخطاب إلى علي بن أبي طالب ابنته أم كلثوم، قال علي:- إنما حسبت بناتي على بني جعفر فقال عمر:- انكحنيها يا علي، فوالله ما على ظهر الأرض رجل يرصد من حسن صحابتها ما أرصد. فقال علي:- قد فعلت. فجاء عمر إلى مجلس المهاجرين في الروضة (بين القبر والمنبر). فقال:- رفئوني، فرفؤوه، وقالوا:- بمن يا أمير المؤمنين؟ قال:- بابنة علي بن أبي طالب. ثم أنشأ يخبره فقال: إن النبي صلى الله عليه وسلم قال:- كل نسب وسبب منقطع يوم القيامة إلا نسبي وسببي، وكنت قد صحبته فأحببت أن يكون هذا أيضاً.

قال محمد بن عمر وغيره: لما خطب عمر بن الخطاب إلى علي ابنته أم كلثوم، قال:- يا أمير المؤمنين إنها حبيبة فأقر علي بها فصنعت، ثم أمر ببرد، فطواه، وقال انطلقي بهذا إلى أمير المؤمنين، فقولي أرسلني أبي يقرئك السلام ويقول إن رضيت البرد فأمسكه وان سخطته فرده.فلما أتت عمر:- قال: بارك الله فيك وفي أبيك. قد رضينا فرجعت إلى أبيها فقالت:- ما نشر البرد ولا نظر إلا إلي. فزوجها إياه، فولدت له غلاماً يقال له زيد، وبنتاً اسمها رقية.

ولقد توفيت ام كلثوم وابنها زيد في وقت واحد، وكان زيد قد أصيب في حرب كانت بين بني عدي، خرج ليصلح بينهم فضربه رجل منهم في الظلمة فشجه وصرعه، فعاش أياماً ثم مات هو وأمه، وصلى عليهما عبد الله بن عمر، فجعل زيداً مما يليه، وأم كلثوم مما يلي القبلة، وكبر عليهما أربعاً.

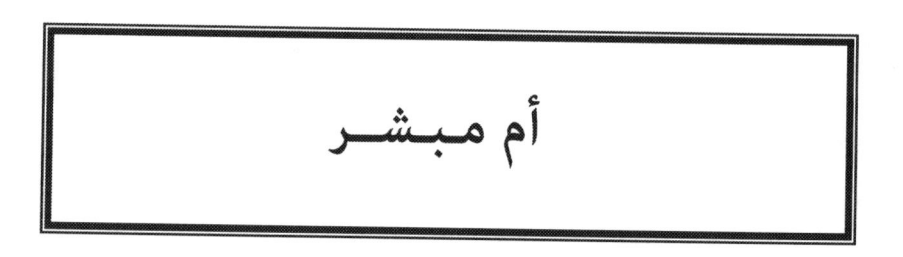

أم مبشـر

هي أم مبشر الأنصارية، وامرأة زيد بن حارثة. أسلمت وبايعت رسول الله صلى الله عليه وسلم، وروت عنه، وروى عنها جابر بن عبد الله. قالت :- دخل علي رسول الله صلى الله عليه وسلم، وأنا في نخل لي، فقال: "من غرسه، مسلم أو كافر"؟

قلت:- مسلم. قال: "ما من مسلم يغرس غرساً أو يزرع زرعاً فيأكل منه إنسان أو طائر أو سبع إلا كان له صدقة".

قالت أم مبشر إنها سمعت النبي صلى الله عليه وسلم يقول عند حفصة: "لا يدخل إن شاء الله النار أحد من أصحاب الشجرة الذين بايعوا تحتها."

قالت حفصة:- بلى يا رسول الله. فانتهرها. فقالت:- (وإن منكم إلا واردها)(٢٤) . فقال النبي صلى الله عليه وسلم:- قد قال:- (ثم ننجي الذي اتقوا ونذر الظالمين فيها جثياً) (٢٥).

وقد ورد الحوار السابق بين النبي صلى الله عليه وسلم وزوجته حفصة، وفي الإصابة بالشكل الآتي روى عنها جابر بن عبد الله أحاديث، منها قوله صلى الله عليه وسلم :- "لا يدخل النار أحد شهد بدراً أو الحديبية". فقالت حفصة :- فأين قول الله عز وجل:- "وان منكم إلا واردها، فقال رسول الله صلى الله عليه وسلم وقال: "ثم ننجي الذين اتقوا....." .

أم معبد الخزاعية

اسمها عاتكة بنت خالد بن خليف بن منقذ، من خزاعة. تزوجها ابن عمها تميم بن عبد العزى بن منقذ، وكان منزلها بقديد، وهي التي نزل عندها رسول الله صلى الله عليه وسلم حين هاجر إلى المدينة. قالت أم معبد:- طلع علينا أربعة على راحلتين، فنزلوا بي، فجئت رسول الله صلى الله عليه وسلم بشاة أريد أن أذبحها:- فإذا هي ذات در:- فأدنيتها منه، فلمس ضرعها، فقال: لا تذبحيها، فأرسلتها.

وأضافت أم معبد قائلة:-وجئت بأخرى، فذبحتها، فطحنت لهم، فأكل هو - عليه السلام - وأصحابه وهم:- أبو بكر الصديق، ومولاه (عامر بن عامر بن فهيرة)، وعبد الله بن أريقط (دليل الرسول صلى الله عليه وسلم في الهجرة)، وهو على شركه، وقد تغذى رسول الله صلى الله عليه وسلم، هو وأصحابه منها، وبقي عندنا لحمها أو أكثره ، فبقيت الشاه التي لمس رسول الله صلى الله عليه وسلم ضرعها عندنا، حتى كان زمان الرمادة، أيام عمر بن الخطاب، سنة ثماني عشرة من الهجرة، وكنا إليها صبوحاً وغبوقاً، وما في الأرض قليل ولا كثير.

ومن الجدير بالذكر أن أم معبد كانت يومذاك مسلمة. وقيل أنها أسلمت بعد ذلك.

وروي أن الرسول صلى الله عليه وسلم وأبا بكر ومن معها، مروا على خيمة أم معبد الخزاعية، وكانت امرأة برزة (التي تجالس الرجال) جلدة، تسقي وتطعم بفناء الكعبة، فسألوها لحماً وتمراً ليشتروه، فلم يصيبوا عندها شيئاً، وكان القوم مرملين، وفي كسر الخيمة شاة، فقال رسول الله صلى الله عليه وسلم: "يا أم معبد، هل بها من لبن؟" قالت:- هي أجهد من ذلك، فقال: "أتأذنين لي أن أحلبها؟" قالت:- نعم، إن رأيت بها حليباً. فمسح صلى الله عليه وسلم بيده ضرعها، وسمى الله، ودعا لها في شاتها، فدرت واجترت، فدعا بإناء فحلب فيه حتى علاه البهاء، ثم سقاها حتى رويت، ثم سقى أصحابه حتى رووا، وشرب آخرهم، ثم حلب فيه ثانياً ثم غادره عندها، وبايعها وارتحلوا عنها.

ثم جاء زوجها أبو معبد يسوق أعنزاً عجافاً ، فلما رأى اللبن عجب وقال:- من أين لك هذا اللبن يا أم معبد، والشاء عازب حيال، ولا حلوب في البيت؟.

قالت:- لا و الله إلا أنه مرّ بنا رجل مبارك من حاله كذا وكذا.. قال: صفيه لي يا أم معبد.

قالت: رأيت رجلاً ظاهر الوضاءه، أبلج الوجه(٢٦) حسن الخلق، لم تصبه نجلة(٢٧)، ولم تزر به صعلة، وسيم قسيم، في عينه دعج (٢٨)، وفي أشفاره غطف(٢٩)، وفي عنقه سطع، وفي صوته صحل(٣٠)، وفي لحيته كثافة، إذج أقرن(٣١)، ان صمت فعليه الوقار، وان تكلم سماه وعلاه البهاء. أجمل الناس وأبهاه من بعيد، وأحسنه وأجمله من قريب.. حلو المنطق، فصل لا نزر ولا هذر، كأن منطقه خرزات نظم يتحدرن، ربعة(٣٢) لا بائن من طول، ولا تقتحمه عين من قصر، غصن بين غصنين فهو أنضر الثلاثة منظراً، وأحسنهم قدراً، له رفقاء يحفون به، ان قال أنصتوا لقوله، وان أمر تباجروا إلى أمره، محفود محشود، لا عابس، ولا مفند، قال أبو معبد:- هو و الله صاحب قريش، الذي ذكر لنا من أمره بمكة،ولقد هممت أن أصحبه، ولا فعلن إن وجدت إلى ذلك سبيلاً.

فأصبح صوت بمكة عالياً، يسمعون الصوت ولا يدرون من صاحبه وهو يقول:-

جزى الله رب الناس خير جزائه　　　وفيقين حلا خيمتي أم مَعبدِ

هما نزلاها بالهدى فاهتدت به　　　فقد فاز من أمسى رفيق محمد

فلما سمع ذلك حسان بن ثابت، جعل يجاوب الهاتف وهو يقول:

لقد خاب قوم غاب عنهم نبيهم　　　وقدس من يسري إليه ويفتدي

ترحل عن قوم فضلت عقولهم　　　وحل على قوم بنور مجدد

هداهم به بعد الضلالة ربهم　　　وأرشدهم من يتبع الحق يرشد

أم هـانـي

هـي بنت أبي طالب بن عبد المطلب بن هاشم بن عبد مناف بن قصي، واسمها فاختة (وقيل هند).

تزوجها هبيرة بن أبي وهب بن عمرو المخزومي، وقد أسلمت عام الفتح، ولم يسـلم زوجهـا، وهـرب إلى نجران.

وكان النبي صلى اللـه عليه وسلم قد خطب إلى أبي طالـب أم هـاني، وخطبها منـه هبيرة بـن أبي وهب، فزوجها هبيرة، فعاتبه النبي صلى اللـه عليه وسلم، فقال أبو طالب: يا بن أخي، إنا قد صاهرنا إليكم، والكريم يكافئ الكريم.

ثم فرق الإسلام - كما مـر - بـين أم هـانئ وبـين هبـيرة، فخطبها النبي صلى اللـه عليه وسلم، فقالت:- و اللـه إني كنت لأحبك في الجاهلية، فكيف في الإسلام؟ ولكني امرأة مصيبة، فأكره أن يؤذوك، فقال صلى اللـه عليه وسلم:- خير نساء ركبن الإبل نساء قريش، أحناه على ولد في صغره، وأرعاه عـلى زوج في ذات يده.

وروي أن الرسول صلى اللـه عليه وسلم عندما خطب أم هانئ، قالت له:- يـا رسول اللـه، لأنت أحب إلي من سمعي وبصري، وحق الزوج عظيم، فأخشى إن أقبـلت على زوجـي أن أضيع بعض شـأني وولدي، وان أقبلت على ولدي أن أضيع حق الزوج. فقال رسول اللـه (صلى اللـه عليه سلم):

"إن خير نساء ركبن الإبل نساء قريس، أحناه على ولد في صغره، وأرعاه على بعل في ذات يده."

وروي - كذلك -ان رسول اللـه صلى اللـه عليه وسلم دخل علـى أم هـانئ، فخطبها إلى نفسها، فقالت: كيف بهذا ضجيعاً وهذا رضيعاً؟ (لولدين بين يديها).

فاستسقى، فأتي بلبن فشرب، ثم ناولها فشربت سؤره، فقالت:- لقد شربت وأنا صائمة، قال - عليه السلام- فما حملك على ذلك؟ قالت:- من أجل سـؤرك، لم أكن لأدعـه لشيء لم أكـن أقـدر عليـه، فلـما قـدرت عليه شربته، فقال رسول اللـه

صلى الله عليه وسلم: "نساء قريش خير نساء ركبن الإبل، أحناه على ولد في صغره، وأرعاه على زوج في ذات يده".

ولما أدرك بنوها، عرضت نفسها على النبي صلى الله عليه وسلم فقال:- أما الآن فلا، لأن الله أنزل عليه:(يا أيها النبي إنا أحللنا لك أزواجك اللاتي اتيت أجورهن) إلى قوله تعالى (هاجرت معك) (٣٣) ولم تكن أم هانئ من المهاجرات.

وقد ولدت لهبيرة بن أبي وهب: جعده، وعمراً، ويوسف، وهانئاً.

وعاشت إلى ما بعد سنة خمسين للهجرة، وروت عن النبي صلى الله عليه وسلم أحاديث في الكتب الستة وغيرها، وروى عنها ابنها جعده، وابنه يحيى وحفيدها هارون ومولاها أبو مرة وأبو صالح وابن عمها عبد الله بن عباس وعبد الله بن الحارث بن نوفل الهاشمي وولده عبد الله وعبد الرحمن بن أبي ليلى ومجاهد وعروة وآخرون.

أم ورقة بنت عبد اللـه

أم ورقة بنت عبد الـلـه بن الحارث الأنصارية. كانت امرأة مؤمنة صالحة، حريصة على تعلم القـرآن وحفظه، فحفظت منه جزءاً كانت تقرؤه على مسمع من جيرانها وأهلها، وكـان رسـول الـه صـلى الـلـه عليه وسلم يزورها، ويعجبه حرصها على القرآن.

وقد استأذنت أم ورقة رسول الـلـه صلى الـلـه عليه وسـلم أن تتخـذ في بيتهـا مؤذنـاً، يـؤذن لهـا في أوقات الصلوات الخمس، فأذن لها، فكان مؤذنها يرفع الآذان، وكانت هي تتلو القرآن، فكـان بيتهـا بيتـاً للقرآن، وبسبب ذلك كان رسول الـلـه صلى الـلـه عليه وسلم يزورها، ويدعو أصـحابه لزيارتهـا بعبارتـه الشهيرة:- تعالوا بنا نزور الشهيدة.

وعندما انطلق رسول الـلـه صلى الـلـه عليه وسـلم لاعـتراض قافلـة أبي سـفيان جـاءت أم ورقـة إلى رسول الـلـه صلى الـلـه عليه وسلم فقالت له:- يا رسول الـلـه، لـو أذنـت لي فغـزوت معكـم، فمرضـت مريضكم، وداويت جريحكم، فلعل الـلـه أن يرزقني الشهادة.

فقال لها رسول الـلـه صلى الـلـه عليه وسلم: "قِرّي في بيتك، فـإن الـلــه سـيهدي إليـك الشـهادة في بيتك".

ومن يومئذٍ كانت أم ورقة الشهيدة الحية.. وكان المسلمون يطلقون عليها هـذا اللقـب:- الشـهيدة. وكان لأم ورقة غلام يخدمها وجارية تقوم على أمر بيتها، فتآمرا عليهـا، فغمياهـا بقطيفـة حتـى ماتـت، وخرجا هاربين.

وفي صباح هذا اليوم الذي استشهدت فيه أم ورقة، أنصت عمر بـن الخطـاب لعلـه يسـمع قراءتهـا للقرآن، فقد اعتاد على سماعها صبيحة كل يوم، فلم يسمع شيئاً، فقال لمن حوله:- و الـلــه مـا سـمعت قراءة خالتي أم ورقة. ثم نهض إلى بيتها فطرقه، فلم يسمع جوابها فدخل فوجدها قتيلة.

وأمر عمر من يبحث عن غلامها وجاريتها، فلما جيء بهما أقرا بقتلها، فاقتص عمر منهما.

رحم الـلـه أم ورقة الأنصارية التي تمنت الشهادة فأهـداها الـلــه لهـا في بيتهـا ببشـارة مـن رسـول الـلـه صلوات الـلـه وسلامه عليه.

بُـريـرة

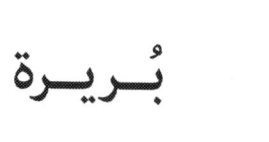

بريرة أو بُره هي مولاة عائشة بنت أبي بكر الصديق. أم المؤمنين كانت مولاة لقوم من الأنصار أو لغيرهم – فاشترتها عائشة، فأعتقتها ، وكانت تخدم قبل أن تشتريها.

قالت عائشة (رضي الله عنها):- دخلت على بريرة وهي مكاتبة، فقالت:- اشتريني – فقلت:- نعم، فقالت:- إن أهلي لا يبيعونني حتى يشترطوا ولائي، فقلت لا حاجة لي فيك.

فسمع ذلك رسول الله صلى الله عليه وسلم أو بلغه، فقال:- ما بال بريرة؟ فأخبرته، فقال:- اشتريها واعتقيها، ودعيهم فيشترطون ما شاءوا. فاشتريتها فأعتقتها. وقال رسول الله صلى الله عليه وسلم:- "الولاء لمن اعتق، ولو اشترطوا مئة مرة". (٣٤)

قالت عائشة:- قام النبي صلى الله عليه وسلم خطيباً في شأن بريرة حين أعتقها، واشترط أهلها الولاء، فقال:- "ما بال أقوام يشترطون شروطاً ليست في كتاب الله!

من اشترط شرطاً ليس في كتاب الله، فشرطه باطل، وان اشترط مئة مرة، فشرط الله أحق وأوثق".

قالت عطاء:- كان زوج بريرة عبداً مملوكاً لبني المغيرة، يدعى مغيثاً، فلما أعتقت، خيرها رسول الله صلى الله عليه وسلم وكان ابن أبي ليلى يرى الخيار لها من المملوك، ولا يراه لها من الحرّ.

خير رسول الله صلى الله عليه وسلم بريرة، فكلمها فيه (أي زوجها) فقالت:- يا رسول الله، أشيء واجب علي؟ قال:- لا إنما أشفع له. قالت:- فلا حاجة لي فيه.

تصدق على بريرة بلحم، فقصبوه، فقدموا إلى رسول الله صلى الله عليه وسلم طعاماً بأدم غير اللحم. فقال:- ألم أر عندكم لحماً؟ قالوا:- يا رسول الله، إنما هو لحم تصدق به على بريرة. فقال رسول الله صلى الله عليه وسلم:- هو صدقه على بريرة وهدية لنا. (٣٥)

تمـاضر

هي بنت الأصبغ بن عمرو بن ثعلبة الكلبية، وأمها جويرية بنت وبرة من بني كنانة بن عوف من كلب. وهي من أهل دومة الجندل من أطراف دمشق، تزوجها الصحابي الجليل عبد الرحمن بن عوف، ولزواجه منها قصة..

فقد بعث النبي صلى الله عليه وسلم عبد الرحمن بن عوف إلى قبيلة كلب، وكان على رأسه عمامة سوداء، فنفضها رسول الله صلى الله عليه وسلم بيده، وعممه بيده، وأسدلها بين كتفيه قدر شبر –وقال – هكذا فاعتم يا بن عوف. اغد باسم الله، فجاهد في سبيل الله، تقاتل من كفر بالله، إذا لقيت شرفاً (٣٦) فكبر، وإذا ظهرت فهلل، وإذا هبطت فاحمد واستغفر، وأكثر من ذكري عسى أن يفتح بين يديك، فإن فتح على يديك، فتزوج بنت ملكهم أدنيت شريفهم (وكان الإصبغ بن عمرو بن ثعلبة شريفهم) فتزوج بنته تماضر، فولدت له أبا سلمة ابن عبد الرحمن الفقيه.

وقد سكنت تماضر المدينة، وأدركت سيدنا الرسول محمد صلى الله عليه وسلم. ولما قدم بها عبد الرحمن بن عوف المدينة رغب القرشيون في جمالها، فجعلوا يسترشدونها فترشدهم إلى بنات أخواتها وبنات أخوتها. وتماضر هي أول كلبية نكحها قريش، ولم تلد لعبد الرحمن بن عوف غير أبي سلمة.ولما مرض عبد الرحمن جرى بينه وبين تماضر شيء، فقال لها: و الله لئن سألتني الطلاق لأطلقنك، فقالت:- و الله لا سألتك، فقال:- إذا حضت وطهرت فاعلميني، فلما حاضت وطهرت أرسلت إليه تعلمه فمر رسولها ببعض أهله، فدعاها، فقال لها:- أين تذهبين؟ قالت:- أرسلتني تماضر إلى عبد الرحمن أعلمه أنها حاضت ثم طهرت.

قال:- ارجعي إليها فقولي لها لا تفعلي، فوالله ما كان ليرد قسمه. فرجعت إليها فقالت لها. فقالت:- إنا و الله لا أرد قسمي أبداً، اذهبي إليه فاعلميه، فذهبت إليه فأعلمته. فغضب وقال:- هي طالق البتة، لا أرجع لها.

فلم تمكث إلا يسيراً حتى مات، وكان عبد الرحمن قد قال:- لا أورث تماضر شيئاً، ورفع ذلك إلى عثمان، فورثها وكان ذلك في العدة. فصالحوها من نصيبها

من ربع الثمن على ثمانين ألفاً وما فوقها، وكان لعبد الرحمن أربع نسوة.وكان عبد الرحمن قد متع تماضر بجارية سوداء عندما طلقها. ثم تزوج الزبير بن العوام تماضر الكلبية، بعد عبد الرحمن، فلم تلبث عنده إلا يسيراً حتى طلقها.

جميلة بنت أبي الأنصارية

جميلة بنت أُبي إحدى نساء الخزرج من الأنصار، وهي في بيت السيادة فيهم، وكان الأنصار أوسهم وخزرجهم يملكون أخاها عبد الله بن أبي عليهم لولا ظهور الإسلام وهجرة الرسول صلى الله عليه وسلم إلى المدينة. ولأن أخاها عبد الله بن أبي رأى أن رسول الله ودين الإسلام قد انتزعا منه ملكاً وقف في الصف المعادي، وتزعم حزب المنافقين بالمدينة. وقد رأف به رسول الله صلى الله عليه وسلم في مواقف عدة، وأبى أن يقتله في مواقف كان فيها مثيراً للفتنة في صفوف المسلمين.وعلى رغم هذا الموقف من عبد الله بن أبي إلا أن ابنه عبد الله بن عبد الله بن أبي أسلم، وأخلص في إسلامه، وكذلك أخته جميلة، قد أسملت وأخلصت في إسلامها.

تزوجت جميلة بنت أبي من الصحابي الجليل ثابت بن قيس بن شماس الذي كان يقال له:- خطيب رسول الله صلى الله عليه وسلم إذ كان الرسول ينتدبه ليرد على خطباء القبائل التي تفد إليه. وكان ثابت بن قيس دميم الخلقة، فكرهته جميلة وتركته، ولم تحتمل أن تستمر معه في بيت الزوجية..

جاءت جميلة إلى رسول الله صلى الله عليه وسلم وقالت له:- يا رسول الله، لا أنا ولا ثابت.

قال عليه السلام: ولم؟.

قالت:- و الله يا رسول الله لا أعيب على ثابت في خلق ولا دين. ولكني أكره الكفر بعد الإسلام. وإني لا أطيقه بغضاً.

قال رسول الله صلى الله عليه وسلم: ما أصدقك؟ ماذا قدم لك صداقاً في زواجكما؟

قالت: قدم لي حديقته. فقال عليه السلام: أتردين عليه حديقته؟

قالت:- نعم. ففرق بينهما رسول الله صلى الله عليه وسلم.

وكانت جميلة بنت أُبي أول امرأة طلبت الخلع من زوجها في الإسلام، وكان هذا أول خلع في الإسلام. لهذا عرفت جميلة بنت أُبي بالمختلعة.

والمختلعة من النساء هي التي كرهت عشرة زوجها وطلبت أن تنفصل عنه، وحكم لها القاضي بذلك.

جويرية بنت الحارث

(رضي الله عنها)

هي جويرية بنت الحارث بن أبي ضرار بن خبيب بن عائذ بن مالك بن جذيمة ابن المصطلق من خزاعة.

تزوجت من ابن عمها مسافع بن صفوان ذي الشفر بن السرح ابن مالك بن جذيمة. فقتل يوم المريسيع على أيدي المسلمين. وكان كافراً.

وجويرية بنت الحارث كان اسمها:- برة بنت الحارث بن أبي ضرار بن حبيب بن عائذ بن مالك بن جذيمة من خزاعة، كما روى ذلك ابن اسحاق.

زواجها من رسول اللـه صلى اللـه عليه وسلم:

يروى عن عائشة (رضي اللـه عنها)، قالت:- وقعت جويرية بنت الحارث بن المصطلق في سهم ثابت بن قيس بن شماس أو ابن عم له، فكاتبت على نفسها. وكانت امرأة ملاحة تأخذها العين. قالت عائشة (رضي اللـه عنها):- فجاءت تسأل رسول اللـه صلى اللـه عليه وسلم في كتابتها. فلما قامت على الباب فرأيتها كرهت مكانها، وعرفت أن رسول اللـه سيرى منها مثل الذي رأيت، فقالت:- يا رسول اللـه أنا جويرية بنت الحارث، وإنما كان من أمري ما لا يخفى عليك وإني وقعت في سهم ثابت بن قيس بن شماس وإني كاتبت على نفسي، فجئتك أسألك في كتابتي (٣٧).

فقال رسول اللـه صلى اللـه عليه وسلم:- (فهل لك إلى ما هو خير منه"؟ فقالت :- وما هو يا رسول اللـه؟ قال:- "أؤدي عنك كتابتك وأتزوجك" قالت:- قد فعلت قالت:- فتسامع - تعني الناس - ان رسول اللـه صلى اللـه عليه وسلم قد تزوج جويرية، فأرسلوا ما في أيديهم من السبي، فاعتقوهم. وقالوا:- أصهار رسول اللـه صلى اللـه عليه وسلم . فما رأينا امرأة كانت أعظم بركة على قومها منها، اعتق في سببها مائة أهل بيت من بني المصطلق.

وكان رسول اللـه صلى اللـه عليه وسلم قد غزا بني المصطلق في شعبان سنة خمس من الهجرة، فقد بلغ رسول اللـه صلى اللـه عليه وسلم ان بني المصطلق يجمعون له بقيادة الحارث بن أبي ضرار (والد جويرية).

فلما سمع رسول الـلـه صلى الـلـه عليه وسلم بذلك، خرج إليهم، حتى لقيهم عـلـى مـاء يقـال لـه (المريسيع) . فتزاحف الناس واقتتلوا، فهزم الـلـه بني المصطلق، وقتل منهم مـن قتـل وغنم المسـلمون منهم. لقد أصاب رسول الـلـه منهم سبياً كثيراً وكان فيمن أصيب يومئذ مـن السبايا (جويرية) بنت الحارث.

فجاء أبوها الحارث بن أبي ضرار إلى النبيصلى الله عليه وسلم فقال:- ان ابنتي لا يسبى مثلها فأنا أكرم من ذاك فخل سبيلها.

قال:- أرأيت ان خيرناها اليس قد أحسنا؟

قال:- بلى وأديت ما عليك.

قال:- فأتاها أبوها فقال:- إن هذا الرجل خيرك فلا تفضحينا.

فقالت:- فإني قد اخترت رسول الـلـه صلى الـلـه عليه وسلم.

قال:- قد و الـلـه فضحتنا.

وقال ابن هشام (٣٨) ويقال:- لما انصرف رسول الـلـه صلى الـلـه عليه وسلم مـن غزوة بني المصطلق ومعه جويرية بنت الحارث. وكان بذات الجيش، دفع جويرية إلى رجل من الأنصار.

وأمره بالاحتفاظ بها. وقدم رسول الـلـه صلى الـلـه عليه وسلم المدينة، فأقبل أبوها الحارث بـن أبي ضرار بفداء ابنته. فلما كان بـالعقيق. نظرا إلى الإبل التي جـاء بهـا للفـداء، فرغب في بعيرين منهـا. فغيبهما في شعب من شعاب العقيق ثم أتى النبي صلى الـلـه عليه وسلم، وقال:- يا محمد، أصبتم ابنتي، وهذا فداؤها.

فقال رسول الـلـه صلى الـلـه عليه وسلم:- (فأين البعيران اللذان غيـبـتهما بالعقيق في شعب كذا وكذا"؟

فقال الحارث:- أشهد أن لا إله إلا الله، وأنك محمد رسول الـلـه، فوالله مـا اطلـع عـلـى ذلـك إلا الـلـه.

فأسلم الحارث، وأسلم معه بنات له، وناس من قومه، وأرسل إلى البعيرين، فجاء بهما، فدفع الإبل إلى النبيصلى الله عليه وسلم ودفعت إليه ابنته جويرية، فأسلمت وحسن إسلامها. فخطبها النبي صلى الله عليه وسلم إلى أبيها، فزوجه إياها. وأصدقها أربعمائة درهم(٣٩).

ويروى أن رسول الله صلى الله عليه وسلم بعث إليهم بعد إسلامهم الوليد بن عقبة بن أبي معيط. فلما سمعوا به، ركبوا إليه. فلما سمع بهم هابهم، فرجع إلى رسول الله صلى الله عليه وسلم فأخبر أن القوم قد هموا بقتله، ومنعوه ما قبلوه من صدقتهم.

فأكثر المسلمون في ذكر غزوهم، حتى هم رسول الله صلى الله عليه وسلم بأن يغزوهم، فبينما هم على ذلك، قدم وفدهم على رسول الله صلى الله عليه وسلم.

فقالوا:- يا رسول الله، سمعنا برسولك، حين بعثته إلينا، فخرجنا إليه لنكرمه. ونؤدي إليه ما قبلنا من الصدقة. فانشمر راجعاً فبلغنا، أنه زعم لرسول الله صلى الله عليه وسلم انا خرجنا إليه لنقتله، و الله ما جئنا لذلك.

فأنزل الله تعالى:- (يا أيها الذين آمنوا ان جاءكم فاسق بنبأ).(٤٠)

وروى عيسى بن دينار. قال: (حدثنا أبي أنه سمع الحارث بن ضرار الخزاعي، قال:-

قدمت على رسول الله صلى الله عليه وسلم فدعاني إلى الإسلام.. فدخلت فيه، وأقررت به، فدعاني إلى الزكاة، فأقررت بها، وقلت:- يا رسول الله، ارجع إلى قومي فادعوهم إلى الإسلام وأداء الزكاة، فمن استجاب لي جمعت زكاته، فيرسل إلي رسول الله صلى الله عليه وسلم رسولاً لآيات كذا وكذا ليأتيك ما جمعت من الزكاة.

وبعث رسول الله صلى الله عليه وسلم الوليد بن عقبة إلى الحارث ليقضين ما كان عنده مما جمع من الزكاة، فلما سار الوليد حتى بلغ الطريق فرق فرجع، فأتى رسول الله صلى الله عليه وسلم وقال:- يا رسول الله، ان الحارث منعني من الزكاة وأراد قتلي:- فضرب

رسول الله صلى الله عليه وسلم البعث إلى الحارث فأقبل الحارث بأصحابه إذ استقبل البعث، وفصل من المدينة، فلقيهم الحارث..

فقالوا:- هذا الحارث.

فلما غشيهم قال لهم:- إلى من بعثتهم؟

قالوا:- إليك.

قال:- ولم ؟

قالوا:- إن رسول الله صلى الله عليه وسلم كان بعث إليك الوليد بن عقبة، فزعم أنك منعته الزكاة، وأردت قتله، قال:- لا والذي بعث محمداً بالحق ما رأيته البتة، ولا أتاني فلما دخل الحارث على رسول الله صلى الله عليه وسلم قال:- "منعت الزكاة، وأردت قتل رسولي"؟

قال:- لا والذي بعثك بالحق ما رأيته ولا أتاني وما أقبلت إلا حين احتبس علي رسول الله صلى الله عليه وسلم خشيت أن تكون سخطة من الله عز وجل ورسوله فأنزل الله تعالى "يا أيها الذين أمنوا إن جاءكم فاسق بنبأ فتبينوا أن تصيبوا قوماً بجهالة فتصبحوا على فعلتم نادمين. واعلموا ان فيكم رسول الله لو يطيعكم في كثير من الأمر لعنتم ولكن الله حبب إليكم الأيمن وزينه في قلوبكم وكره إليكم الكفر والفسوق والعصيان أولئك هم الراشدون" (٤١).

ويروى عن جويرية بنت الحارث -رضي الله عنها- أن النبي صلى الله عليه وسلم دخل عليها يوم الجمعة وهي صائمة فقال:- "أصمت أمس"؟ قالت:- لا .قال: "تريدين أن تصومين غداً "؟ قالت:- لا . قال:- "فافطري".

وجاء لها سبعة أحاديث، منها عند البخاري، حديث، وعند مسلم حديثان. (٤٢).

وفاتها:

توفيت جويرية بنت الحارث –رضي الله عنها- في شهر ربيع الأول سنة ست وخمسين. في خلافة معاوية بن أبي سفيان وصلى عليها مروان بن الحكم، وهو يومئذ والي المدينة. (٤٣)

وقد بلغت سبعين سنة، لأنه صلى الله عليه وسلم تزوجها وهي بنت عشرين.

وقيل توفيت سنة خمسين – وهي بنت خمس وستين سنة. رحمها الله سبحانه وتعالى.

حفصة بنت عمر بن الخطاب (رضي الـلـه عنهم)

هي حفصة بنت أمير المؤمنين أبي حفص عمر بن الخاب بن نفيل بن العزى بن رياح بن عبد الله بن قرط بن رزاح بن عدي بن كعب بن لؤي. وأمها زينب بنت مظعون بن حبيب بن وهب بن حذافة بن جُمح - أخت عثمان بن مظعون.

ولدت حفصة وقريش تبني البيت قبل مبعث النبي صلى الله عليه وسلم بخمس سنين (٤٤).

والمراد ببناء البيت:-

الكعبة الشريفة. وكانت السيول قد هدمتها.

وكان زواجها الأول من خُنيس بن حذافة بن قيس بن عدي بن سعد بن سهم بن عمرو بن هصيص بن كعب بن لؤي القرشي السهمي. وهو اخو عبد الله بن حذافة. وكان من السابقين إلى الإسلام، وهاجر إلى أرض الحبشة.

وعاد إلى المدينة، وشهد بدراً، واحداً، وأصابه بأحد جراحه فمات عنها.(٤٥).

زواجها من رسول الله صلى الله عليه وسلم :

لما ترملت حفصة لقي عمر بن الخطاب، عثمان فعرضها عليه فقال عثمان:- مالي في النساء حاجة،فلقي أبا بكر الصديق فعرضها عليه فسكت، فغضب على أبي بكر. فإذا رسول الله صلى الله عليه وسلم قد خطبها فتزوجها. فلقي عمر أبا بكر فقال إني عرضت على عثمان ابنتي فردني وعرضت عليك فسكت، فلأنا كنت أشد غضباً حين سكت مني على عثمان وقد رددتني. فقال أبو بكر:- أنه قد كان النبي صلى الله عليه وسلم ذكر منها شيئاً وكان سراً فكرهت أن أفشي السر (٤٦).

وقد روت العديد من الأحاديث عن النبي صلى الله عليه وسلم. ومما روته عن رسول الله صلى الله عليه وسلم، عن ابن عمر - رضي الله عنه- ان حفصة أم المؤمنين -رضي الله عنها- أخبرته أن رسول الله صلى الله عليه وسلم كان إذا سكت المؤذن من الأذان لصلاة الصبح، وبدا الصبح ركع ركعتين خفيفتين قبل أن تقام الصلاة.

وعن صفية بنت أبي عبيد، أن حفصة - رضي الله عنها- ابنة عمر زوج النبي صلى الله عليه وسلم حدثت، أن رسول الله صلى الله عليه وسلم قال:- "لا يحل لامرأة تؤمن بالله واليوم الآخر، أو بالله ورسوله - أن تحد على ميت فوق ثلاث إلا على زوج".

وعنها -رضي الله عنها- قالت:- كان رسول الله صلى الله عليه وسلم إذا أوى إلى فراشه وضع يده اليمنى تحت خده،وقال:

"رب قني عذابك يوم تبعث عبادك" ثلاثاً.

وهناك غيرها من الروايات المذكورة في كتب الحديث.

الصوامة القوامة :

لقد كانت حفصة، هي التي نبأت بالسر الذي أوصاها الرسول صلى الله عليه وسلم أن تكتمه - فيقال أنه عليه السلام طلقها فعلاً - تطليقة واحدة ثم راجعها.

وقيل أن ذلك كان رحمة بعمر - رضي الله عنه- الذي حثا التراب على رأسه، وقال:- ما يعبأ الله بعمر وابنته بعدها.

ويروى عن النبي أنه قال:- قال لي جبريل عليه السلام:- (راجع حفصة، فإنها صوامة قوامة وهي زوجتك في الجنة). (٤٧).

والراجح أن هذا الطلاق الرجعي قد كان قبل أن تستفحل ثورة عائشة ومن معها من نساء النبي، فلما اعتزلهن الرسول. كان من الطبيعي أن يكون إحساس حفصة بالندم أوفر من إحساس أمهات المؤمنين الأخريات، وشعورها بالخطأ أفدح من شعورهن.(٤٨)

ويروى أن عمر دخل على ابنته حفصة وهي تبكي، فقال لعل رسول الله قد طلقك، إنه كان قد طلقك ثم راجعك من أجلي. فإن كان طلقك مرة أخرى لا أكلمك أبداً.

وفي حديث عمر إلى إبن عباس- أنه خرج إلى المسجد- فألفى المسلمين هناك ينكتون الحصى- مطرقين- ويقولون طلق رسول الله صلى الله عليه وسلم نساءه.

وحاول عمر (رضي اللـه عنه) أن يعرف حقيقة الخبر - لأنه كباقي المسلمين مهتم بأمر النبي صلى اللـه عليه وسلم، ثم لأن ابنته إحدى زوجاته عليه السلام- فقصد الغرفة التي اعتزل فيها النبي الكريم، وغلامه رباح قائم على عتبتها - فاستأذن عمر في الدخول، فدخل، بعد أن انتظر قليلاً على الباب ثم قال:-

يا رسول اللـه، ما يشق عليك من أمر النساء. ان كنت طلقتهن فإن اللـه معك وملائكته وجبريل وميكائيل وأنا وأبو بكر والمؤمنين معك.

فابتسم الرسول صلى اللـه عليه وسلم، وبين له أنه لم يطلق نساءه، وإنما هجرهن شهراً (٤٩).

فأسرع إلى المسجد، وبشر المسلمين القلقين بأن النبي صلى اللـه عليه وسلم لم يطلق نساءه.

حافظة المصحف الشريف:

ان زيد بن ثابت الأنصاري رضي اللـه عنه - كان ممن يكتب الوحي قال:-

أرسل إلي أبي بكر - رضي اللـه عنه - عندما قتل أهل اليمامة وعنده عمر فقال أبو بكر:- إن عمر أتاني فقال:- ان القتل قد استمر يوم اليمامة بالناس، وإني أخشى أن يستعر القتل بالقراء في المواطن فيذهب كثير من القرآن إلا أن تجمعوه - وإني لأرى أن نجمع القرآن.

قال أبو بكر:- قلت لعمر:- كيف أفعل شيئاً لم يفعله رسول اللـه؟ فقال عمر:- هو و اللـه خير فلم يزل عمر يراجعني فيه حتى شرح اللـه لذلك صدري ورأيت الذي رأى عمر قال زيد بن ثابت، وعمر عنده جالس لا يتكلم فقال أبو بكر:- إنك رجل شاب عاقل ولا نتهمك كنت تكتب الوحي لرسول اللـه صلى اللـه عليه وسلم فتتبع القرآن فاجمعه فواللـه لو كلفني نقل جبل من الجبال ما كان أثقل علي مما أمرني به من جمع القرآن. فقلت:- كيف تفعلان شيئاً لم يفعله النبي صلى اللـه عليه وسلم؟

فقال أبو بكر:- هو و الله خير فلم أزل أراجعه حتى شرح الله صدري للذي شرح الله له صدر أبي بكر وعمر، فقمت فتتبعت القرآن أجمعه من الرقاع والأكتاف والعُسب وصدور الرجال حتى وجدت من سورة التوبة آيتين مع خزيمة الأنصاري لم أجدهما مع أحد غيره:- (لقد جاءكم رسول من أنفسكم عزيز عليه ما عنتم حريص عليكم"(٥٠) إلى آخرها.

وكانت الصحف التي جمع فيها القرآن عند أبي بكر حتى توفاه الله ثم عند عمر حتى توفاه الله ثم عند حفصة بنت عمر رضي الله عنها- والأكتاف:- جمع كتف، وهو العظم الذي للبعير أو الشاه. كانوا إذا جف كتبوا فيه. والعسب:- بضم العين والسين، جمع عسيب، وهو جريدة النخل. كانوا يكتبون في الطرف العريض منه.

وروي عن أنس بن مالك -رضي الله عنه، أن حذيفة بن اليمان- قدم على عثمان - رضي الله عنهما، وكان يغازي أهل الشام في فتح أرمينية وأذربيجان مع أهل العراق فأفزعه اختلافهم في القراءة.

فقال حذيفة لعثمان:- يا أمير المؤمنين:- أدرك هذه الأمة قبل أن يختلفوا في الكتاب اختلاف اليهود والنصارى. فأرسل عثمان إلى حفصة أن أرسلي إلينا بالصحف ننسخها في المصاحف. ثم نردها إليك. فأرسلت بها حفصة إلى عثمان فأمر زيد بن ثابت وعبد الله بن الزبير وسعيد بن العاص، وعبد الرحمن بن الحارث بن هشام، فنسخوها في المصاحف.

وقال عثمان للرهط القرشيين :- إذا اختلفتم انتم وزيد بن ثابت في شيء من القرآن فاكتبوه بلسان قريش فإنما نزل بلسانهم.

فظلوا حتى إذا نسجوا الصحف في المصاحف ردّ عثمان الصحف إلى حفصة،فأرسل إلى كل أفق بمصحف مما نسخوا وأمر بما سواه من القرآن في كل صحيفة أو مصحف أن يحرق.

رجاحة عقلها:

عن ابن عمر - رضي الله عنهما- قال:- خرج عمر بن الخطاب رضي الله عنه -من الليل فسمع امرأة تقول:-

تطاول هذا الليل واسود جانبه   وأرقني أن لا حبيب ألاعبه

فقال عمر بن الخطاب -رضي الله عنه - لحفصة بنت عمر رضي الله عنهما.

كم أكثر ما تصبر المرأة على زوجها؟

فقالت:- ستة أو أربعة أشهر.

فقال عمر - رضي الله عنه -لا أحبس الجيش أكثر من هذا.(٥١)

وفاتها:

قيل ماتت حفصة - رضي الله عنها - لما بايع الحسن (عليه السلام) معاوية. وذلك في جمادى الأولى، سنة إحدى وأربعين وقيل بل بقيت إلى سنة خمس وأربعين، وقيل ماتت سنة سبع وعشرين، حكاه أبو بشر الدولابي، وهو غلط. وكان قائله اسند إلى ما رواه ابن وهب عن مالك، أنه قال:- ماتت حفصة -رضي الله عنها- عام فتحت إفريقية- والمراد فتحها الثاني الذي كان على يد معاوية بن خديج وهو في سنة خمس وأربعين. وأما الأول الذي كان في عهد عثمان بن عفان - رضي الله عنه - فهو الذي كان في سنة سبع وعشرين فلا.

وروى محمد عمر، حدثنا عبد الله بن ناقع عن أبيه. قال نزل في قبر حفصة: عبد الله وعاصم ابنا عمر، وسالم وعبد الله وحمزة بنو عبد الله بن عمر رضي الله عنهم أجمعين.

يحيى السماوي

هي حليمة بنت أبي ذؤيب السعدية-مرضعة الرسول صلى الله عليه وسلم . وكان من عاده أشراف مكة أنه إذا ولد لهم وليد التمسوا له المراضع في أهل البادية وكان بنو سعد بن بكر في بادية مكة، فيهم يسترضع أهل مكة أولادهم.

خرجت حليمة السعدية فيمن خرج من نساء بني سعد يلتمسون المراضع في مكة، وأقبل الأشراف المكيون على المراضع من بني سعد يعرضون عليهم أبناءهم، وأقبل عبد المطلب بحفيده محمد بن عبد الله ليعرضه على أولئك النسوة، فكن إذا علمن أنه يتيم الأب، انصرفن عنه، وزهدن فيه، لأنهن إنما يرجون الجائزة من آباء الأطفال، وهذا يتيم الأب. فأي جائزة ترجى من ورائه؟

وانصرفت كل امرأة من بني سعد جاءت مكة بوليد، إلا حليمة السعدية فلما خصها الله من كرامة لم تستطع أن تظفر بوليد ترضعه، فالتفتت إلى زوجها الحارث بن عبد العزى السعدي، وقالت له:- و الله إني لأكره أن أرجع من بين صواحبي ولم آخذ رضيعاً، و الله لأذهبن إلى ذلك اليتيم فلآخذته.

قال زوجها:- لا عليك أن تفعلي... عسى الله أن يجعل لنا فيه بركة.

وذهبت حليمة إلى آمنة بنت وهب .. وإلى عبد المطلب بن عبد مناف. وأخذت منهما محمد بن عبد الله الرضيع، وانصرفت به إلى رحلها.

ولم تكد حليمة تستقر في خيمتها حتى ألقمت محمداً ثديها، فأقبل عليه بما شاء من اللبن، فشرب حتى روي، وقام زوجها الحارث إلى ناقتهم، وكانت عجفاء لا تدر لبناً، فما هو إلا أن مد إلى ضرعها يده حتى درت، فحلب منها وشرب، ثم حلب منها وأعطى زوجه فشربت.

يقول الحارث لزوجه حليمة:- و الله يا حليمة لقد أخذت قسمة مباركة.

قالت حليمة:- و الله إني لأرجو ذلك.

ولم تزل حليمة السعدية تجد البركة في منزلها، والخير في أنعامها. ولم يزل عندها محمد حتى رأت أن تعيده إلى أمه. ومرت الأيام. وبعث محمد بالرسالة. ونصره الله على الشرك، وهاجر إلى الطائف، وسبى من نسائها وكان من بينهم هذه الأسرة التي أرضعته، فقدمت عليه حليمة فعرفها، فبسط لها رداءه تكريماً لها.

كانت حليمة السعدية مرضعة رسول الله صلى الله عليه وسلم فكانت أمه من الرضاع، وكان زوجها الحارث بن عبد العزى أبوه من الرضاع، وكان أولادهما:- عبد الله بن الحارث، أنيسة بنت الحارث وحذافة بنت الحارث المعروفة بالشيماء أخوته من الرضاع.

خاتمة

هي بنت جحش بن رئاب الأسدية. وأمها أميمة بنت عبد المطلب بن هاشم.

كانت حمنة عند مصعب بن عمير: فولدت له ابنه - قتل عنها يوم أحد . قامت النساء حين رجع رسول الله صلى الله عليه وسلم من أحد يسألن عن الناس عن أهليهن فلم يخبرن حتى أتين النبي صلى الله عليه وسلم، فلا تسأله امرأة إلا أخبرها فجاءته حمنة بنت جحش - فقال:-

يا حمنة- احتسبي أخاك عبد الله بن جحش.

قالت:- إنا لله، وإنا إليه راجعون، رحمه الله وغفر له.

ثم قال:-يا حمنة، احتسبي خالك حمزة بن عبد المطلب.

قالت :- إنا لله، وإنا إليه راجعون، رحمه الله وغفر له.

ثم قال:- يا حمنة، احتسبي زوجك مصعب بن عمير.

فقالت:- يا حرباه!

فقال النبي صلى الله عليه وسلم:- إن للرجل لشعبة من المرأة ما هي له شيء.

وفي رواية أن النبي صلى الله عليه وسلم قال لحمنة:-

كيف قلت على مصعب ما لم تقولي على غيره؟

قالت:- يا رسول الله، ذكرت يتم ولده.

وقد كانت حضرت أحد تسقي العطشى وتداوي الجرحى، وقد أطعمها رسول الله في خيبر ثلاثين وسقاً.(٥٢)

وتزوجها - بعد مصعب طلحة بن عبيد الله، فولدت له محمد بن طلحة السجاد، وبه يكنى طلحة. وعمران بن طلحة.

داء (أو نخشتم)

هي جدة عمرو بن معاذ. وهي من المبايعات، قالت:- سمعت رسول الله صلى الله عليه وسلم يقول: "أسفروا بالصبح، فإنه أعظم للأجر".

وروي عنها أنها قالت لرسول الله صلى الله عليه وسلم:- إن المسكين ليقوم ببابي فلا أجد له شيئاً أعطيه، فقال لها: "إن لم تجدي شيئاً تعطيه إياه إلا ظلفا محرقاً فادفعيه إليه في يده."

وقد ورد الحديث بلفظ آخر، وهو أن أم بجيد الأنصاري، سمعت الرسول صلى الله عليه وسلم يقول :- "ردوا السائل ولو بظلف محرق". وروي أيضاً: "يا نساء المؤمنات، لا تحقرن إحداكن لجارتها ولو بكراع محرق".

وروى مالك الحديث السابق عن زيد بن أسلم عن عمرو بن معاذ عن جدته حواء عن النبي صلى الله عليه وسلم قال: "لا تحقرن جارة لجارتها ولو في سن شاة".

ويتضح لنا من الحديثين السابقين، اللذين روتهما أم بُجيد الأنصارية عن الرسول صلى الله عليه وسلم أنه يزداد أجر المسلم عندما يتأخر في صلاة الصبح إلى وقت الأسفار، وهو الوقت الذي تبدو فيه الأشياء واضحة إلى حد ما. وكذلك يحثنا رسول الله صلى الله عليه وسلم على التصدق على الفقراء والمساكين ولو بظلف محرق، وورد في بعض الأحاديث: "تصَدق ولو بشق تمرة". وهذا يعني وجوب تقديم المساعدة للمحتاجين ولو كانت قليلة. كل حسب استطاعته وقدرته.

خديجة بنت خويلد (رضي اللـه عنها)

هي خديجة بنت خويلد بن أسد بن عبد العزى بن قصي بن كلاب بن مرة بن كعب بن لؤي بن غالب بن فهر.

وأمها:- فاطمة بنت زائدة بن الأصم بن رواحة بن حجر بن معيص بن عامر بن لؤي بن غالب بن فهر. وأم فاطمة:- هالة بنت عبد مناف بن الحارث بن عمرو بن منقذ بن عمرو بن معيص بن عامر بن لؤي بن غلاب بن فهر (٥٣).

كان لخديجة مكانة رفيعة في قومها، لصباحة وجهها، وجمال نفسها - إضافة إلى حسبها ونسبها - فتزوجها عتيق بن عابد، من بني مخزوم. فولدت له هنداً بنت عتيق، ومات عنها. فتزوجها بعده أبو هالة، مالك بن النباش بن زرارة، الذي يتصل نسبه بعمرو بن تميم، حليف بني عبد الدار بن قصي فولدت له:- هنداً بنت أبي هالة، وهالة بنت أبي هالة. ولم يعش أبو هالة طويلاً.

فترملت خديجة مرة ثانية وتفرغت للتجارة. ولم تفكر في الزواج بعد موت أبي هالة.

زواجها من رسول الله صلى الله عليه وسلم :

ومرت السنون وخديجة مشغولة بتجارتها، فقد كانت ترسل أموالها في تجارة إلى الشام. فتشتري ما يروق لها من أمتعة الهند واليمن وسائر الأمصار لتبيعها بالربح الجزيل.

فلما بلغها عن رسول الله صلى الله عليه وسلم ما بلغها من صدق حديثه، وعظم أمانته،وكرم أخلاقه، بعثت إليه، فعرضت عليه أن يخرج في مالها إلى الشام تاجراً، وتعطيه أفضل ما كانت تعطي غيره من التجار، مع غلام لها يقال له ميسرة.

فقبل منها رسول الله صلى الله عليه وسلم فخرج في مالها ذلك. وخرج معه غلامها ميسرة. حتى إذا قدما الشام. فنزل رسول الله صلى الله عليه وسلم في ظل شجرة قريباً من صومعة راهب

من الرهبان. فاطلع الراهب رأسه إلى ميسره. فقال:- من هذا الرجل الذي نزل تحت هذه الشجرة؟

فقال له ميسرة:- هذا رجل من قريش من أهل الحرم. فقال له الراهب:- ما نزل تحت هذه الشجرة قط إلا نبي!

ثم باع رسول الله صلى الله عليه وسلم سلعته التي خرج بها، واشترى ما أراد أن يشتري، ثم أقبل قافلاً إلى مكة، ومعه ميسره. فقال ميسرة فيما يزعمون:- إذا كانت الهاجرة واشتد الحر، يرى ملكين يظلانه من الشمس، وهو يسير على بعيره.

فلما قدم مكة على خديجة بمالها، باعت ما جاء به. فاضعفت، أو قريباً من ذلك. وحدثها ميسرة عن قول الراهب، وعما كان يرى من إظلال الملكين إياه.

وعرضت خديجة على محمد الأمين الزواج منها، عن طريق مولاتها نفيسة. وزارت نفيسة محمداً. وقالت له:-

ما يمنعك أن تتزوج؟

فقال:- لا أجد المال اللازم لذلك.

فقالت له:- فإن كفيت، ودعيت إلى المال والجمال؟

فقال:- ومن هذه ؟

فقالت:- خديجة بنت خويلد.

قال:- وكيف لي بذلك؟

قالت:- قلت:- عليّ

قال:- فأنا أفعل.

فعادت نفيسة إلى مولاتها فرحة سعيدة، تحمل لها بشرى القبول. وجاء القوم من بني هاشم يوم الإملاك،وهو يوم العقد. وفيهم محمد بن عبد الله، فأصدق خديجة عشرين بكرة. وتم الزواج. وكانت خديجة في الأربعين من عمرها. وكان

محمد في الخامسة والعشرين. وكانت أول امرأة تزوجها رسول الـلـه صلى الـلـه عليه وسلم. ولم يتزوج عليها غيرها حتى ماتت رضي الـلـه عنها (٥٤)

وقد ولدت لرسول الـلـه صلى الـلـه عليه وسلم ولده كلهم إلا إبـراهيم. ومـنهم القاسـم. وبه كـان يكنى صلى الـلـه عليه وسلم والطاهر والطيب، وزينب ورقية، وأم كلثوم، وفاطمة عليهم السلام.

فأما الأولاد الذكور فهلكوا في الجاهلية.

وأما زينب فتزوجها أبو العاصي بن الربيع بن عبد العزى بن عبد شمس بن مناف بـن قصيـ فولدت له علياً، وأمامة التي تزوجها علي بن أبي طالب (رضي الـلـه عنه)بعد مـوت فاطمـة الزهـراء، ثـم خلـف عليها بعد علي المغيرة بن نوفل بن خلف الحـارث بـن عبد المطلب. بوصية عـلي (رضي الـلـه عنه). وماتت زينب رضي الـلـه عنها سنة ثمان من الهجرة.

وأما رقية فتزوجها عتبة بن أبي لهب، وطلقها قبل أن يـدخل بها، فتزوجها عـثمان بـن عفان(رضي الـلـه عنه)، وهاجر بها إلى الحبشة،وولدت له هناك عبد الله، الذي مات بعدها وقد بلغ سـت سـنين. وكانت رقية من أجمل النساء، أصابتها الحصبة وتوفيت بالمدينة المنورة، بعد معركة بدر.

وأما أم كلثوم، فتزوجها عُتبة بن أبي لهب، وفارقها قبـل أن يـدخل بهـا. فتزوجها عـثمان بـن عفان (رضي الـلـه عنه). بعد موت رقية فسمي لذلك بذي النورين.

تـزوجها في شهر ربيع الأول. ودخل بها في جمادى الآخرة من السنة الثالثة. وماتت سنة تسع مـن الهجرة.

وأما فاطمة الزهراء، فتزوجها علي بن أبي طالب (رضي الـلـه عنه). وكانت بنت خمس عشرة سنة، وقيل بنت ثماني عشرة سنة فولدت له الحسن والحسين ومحسناً (الذي مات صغيراً).

وأم كلثوم وزينب. وقد ماتت (عليها السلام) بعد أبيها صلى الله عليه وسلم بستة أشهر. فكانت وفاتها لثلاث خلون من شهر رمضان سنة إحدى عشرة.

ولما تزوج رسول الله صلى الله عليه وسلم، السيدة خديجة وهبت له زيد بن حارثة. ويرى أن سعدى أم زيد بن حارث قد زارت قومها، وزيد معها. فأغارت خيل لبني القين بن حسر، في الجاهلية على أبيات بني معن. فاحتملوا زيداً وهو غلام يفقه. فأتوا به سوق عكاظ.

فعرضوه للبيع. فاشتراه حكيم بن حزام لعمته خديجة بأربعمائة درهم.

وكان أبو حارثة بن شرحبيل حين فقده قال:-

بكيت على زيد ولم أدر ما فعل   أحي فيرجى أم أتى دونه الأجل

فحج ناس من كلب، فرأوا زيداً فعرفهم وعرفوه. فقال:- أبلغوا أهلي هذه الأبيات:-

أحن إلى قومي وان كنت نائياً   بأني قطين البيت عند المشاعر

فانطلقوا فاعلموا أباه، ووصفوا له موضعه، فخرج حارثة وكعب أخوه- وهو عم زيد - بفدائه- فقدماً مكة، فسألا عن النبي صلى الله عليه وسلم فقيل:- هو في المسجد، فدخلا عليه فقالا:-

يا ابن عبد المطلب، يا ابن سيد قومه، انتم أهل حرم الله تفكون العاني وتطعمون الأسير. جئناك في ولدنا عندك فامنن علينا، وأحسن في فدائه، فإنا سندفع لك قال صلى الله عليه وسلم:- وما ذاك؟

قالوا:- زيد بن حارثة.

فقال صلى الله عليه وسلم:- أو غير ذلك؟ ادعوه فخيروه. فإن اختاركم فهو لكم بغير فداء. وان اختارني، فوالله ما أنا بالذي اختار على من اختارني فداء.

قالوا: فدعاه فقال صلى الله عليه وسلم:- هل تعرف هؤلاء؟

قال: نعم. هذا أبي ، وهذا عمي.

قال صلى الله عليه وسلم:- فأنا من قد علمت، وقد رأيت صحبتي لك. فاخترني أو أخترهما فقال زيد. ما أنا بالذي اختار عليك أحد. أنت مني بمكان الأب والعم. فقالا:- ويحك يا زيد، أتختار العبودية على الحرية، وعلى أبيك، وعمك، وأهل بيتك؟

قال:- قد رأيت من هذا الرجل شيئاً ما أنا بالذي اختار عليه أحداً، فلما رأى رسول الله صلى الله عليه وسلم ذلك، أخرجه إلى الحجر. فقال:- اشهدوا ان زيداً ابني يرثني وارثه. فلما رأى ذلك أبوه وعمه طابت أنفسهما وانصرفا. (٥٥)

وروى عن أنس بن مالك وغيره أن زيداً كان مسبباً من الشام. سبته خيل من تهامة، فابتاعه حكيم بن حزام بن خويلد، فوهبه لعمته خديجة، فوهبته خديجة للنبي صلى الله عليه وسلم فأعتقه وتبناه. فأقام عنده مدة.

ثم جاء عمه وأبوه يرغبان في فدائه، فقال لهما النبي صلى الله عليه وسلم وذلك قبل البعثة خيراه فإن اختاركما فهو لكما دون فداء. فاختار الرق مع رسول صلى الله عليه وسلم على حريته وقومه.

فقال محمد رسول الله صلى الله عليه وسلم عند ذلك:-

يا معشر قريش اشهدوا إنه يرثني وأرثه وكان يطوف على حلف قريش ويشهدهم على ذلك فرضي ذلك عمه وأبوه وانصرفا. (٥٦)

الوحـــي :

لما بلغ محمد رسول الله صلى الله عليه وسلم أربعين سنة بعثه الله تعالى رحمه للعالمين . وكافة للناس بشيراً. وان رسول الله صلى الله عليه وسلم حين أراده الله بكرامته. وابتدأه بالنبوة - كان إذا خرج لحاجته أبعد حتى تحسر عنه البيوت ويفضي إلى شعاب مكة وبطون أوديتها. فلا يمر رسول الله صلى الله عليه وسلم . بحجر ولا شجر إلا قال:- السلام عليك يا رسول الله. فيلتفت رسول الله صلى الله عليه وسلم حوله عن يمينه وشماله وخلفه فلا يرى إلا الشجر والحجارة.

ويروى عن عائشة (رضي اللـه عنها)، قالت :- إن أول ما بدئ به رسول اللـه صلى اللـه عليه وسلم من النبوة حين أراد اللـه كرامته ورحمة العباد به - الرؤيا الصادقة لا يرى رسول اللـه صلى اللـه عليه وسلم رؤيا في نومه إلا جاءت كفلق الصبح، وقالت:- وحبب اللـه تعالى الخلوة، فلم يكن شيء أحب إليه من أن يخلو وحده. فمكث رسول لله صلى اللـه عليه وسلم كذلك يرى ويسمع. ما شاء اللـه ان يمكث. ثم جاءه جبريل (عليه السلام) بما جاءه من كرامة اللـه وهو بحراء في شهر رمضان.

ثم حدث الرسول صلى اللـه عليه وسلم خديجة بالذي رآه. فقالت أبشر يا ابن عم وأثبت. فوالذي نفس خديجة بيده إني لأرجو أن تكون نبي هذه الأمة.

ثم قامت فجمعت عليها ثيابها، ثم انطلقت إلى ورقة بن نوفل بن أسد بن عبد العزى بن مقي - وهو ابن عمها - وكان ورقة قد تنصر، وقرا الكتب- وسمع من أهل التوراة والإنجيل - فأخبرته بما أخبرها به رسول اللـه صلى اللـه عليه وسلم أنه رأى وسمع، فقال ورقة بن نوفل:- قدوس قدوس ، والذي نفس ورقة بيده لئن كنت صدقتيني يا خديجة لقد جاءه الناموس الأكبر الذي كان يأتي موسى (عليه السلام). وأنه لنبي هذه الأمة. فقولي له فليثبت، فرجعت خديجة إلى رسول اللـه صلى اللـه عليه وسلم فأخبرته بقول ورقة بن نوفل.

ثم تتام الوحي إلى رسول اللـه صلى اللـه عليه وسلم وهو مؤمن بالله، مصدق بما جاءه منه، قد قبله بقبوله، وتحمل منه ما حمله،على رضا العباد وسخطهم، والنبوة أثقال ومؤنة لا يحملها ولا يستطيع بها إلا أهل القوة والعزم من الرسل بعون اللـه تعالى وتوفيقه لما يلقون من الناس، وما يرد عليهم مما جاءوا به عن اللـه سبحانه وتعالى.

وآمنت به خديجة بنت خويلد، وصدقت بما جاءه من اللـه، ووازرته على أمره، وكانت أول من آمن بالله وبرسوله وصدق بما جاء منه فخفف اللـه بذلك عن نبيه صلى اللـه عليه وسلم. لا يسمع شيئاً مما يكرهه من رد عليه وتكذيب له فيحزنه ذلك إلا فرج اللـه عنه بها إذا رجع إليها- تثبته وتخفف عليه، وتصدقه - وتهون عليه

أمر الناس. وحين افترضت الصلاة على رسول الله صلى الله عليه وسلم أتاه جبريل وهو بأعلى مكة، فهمز له بعقبه في ناحية الوادي، فانفجرت منه عين، فتوضأ جبريل عليه السلام ورسول الله صلى الله عليه وسلم ينظر إليه ليرى كيف الطهور للصلاة، ثم توضأ رسول الله صلى الله عليه وسلم كما رأى جبريل يتوضأ - ثم قام به جبريل فصلى به وصلى رسول الله صلى الله عليه وسلم بصلاته، ثم انصرف جبريل عليه السلام.

فجاء رسول الله صلى الله عليه وسلم خديجة فتوضأ بها ليريها كيف الطهور للصلاة كما أراه جبريل، فتوضأت كما توضأ لها رسول الله صلى الله عليه وسلم ثم صلى بها رسول الله صلى الله عليه وسلم كما صلى به جبريل، فصلت بصلاته. (٥٧)

جهادها مع رسول الله صلى الله عليه وسلم :

ولقد لقي رسول الله صلى الله عليه وسلم في دعوته الناس إلى الإسلام المصاعب والعقبات الكثيرة. وكان أشدهم عداء له عمه أبو لهب وامرأته، وقد نزل فيهما قرآن يتلى مدى الدهر ((تبت يدا أبي لهب وتب. ما أغنى عنه ماله وما كسب، سيصلى ناراً ذات لهب. وامرأته حمالة الحطب. في جيدها حبل من مسد)). (٥٨)

وكان عمه أبو طالب يدفع عنه الأذى، ويحميه من عدوان قريش وكانت خديجة (رضي الله عنها) تخفف عنه ما يلقاه من المكاره والشرور.

ولما بلغ قريشاً فعل النجاشي لجعفر وأصحابه وإكرامه إياهم كبر ذلك عليهم وغضبوا على رسول الله صلى الله عليه وسلم وأصحابه وأجمعوا على قتل رسول الله صلى الله عليه وسلم وكتبوا كتاباً على بني هاشم ألا يناكحوهم، ولا يبايعوهم، ولا يخالطوهم، وكان الذي كتب الصحيفة منصور بن عكرمة العبدري، فشلت يده، وعلقوا الصحيفة في جوف الكعبة، وقال بعضهم. بل كانت عند أم الجلاس بنت مخربة الحنظلية خالة أبي جهل.

وحصروا بني هاشم في شعب أبي طالب ليلة هلال المحرم سنة سبع من حين تنبئ رسول الله صلى الله عليه وسلم وانحاز بنو المطلب بن عبد مناف إلى أبي طالب في

شعبه مع بني هاشم، وخرج أبو لهب إلى قريش فظاهرهم على بني هاشم وبني المطلب، وقطعوا عنهم الميرة والمادة، وكانوا لا يخرجون إلا من موسم إلى موسم حتى بلغهم الجهد وسمع أصوات صبيانهم من وراء الشعب، فمن قريش من سره ذلك ومنهم من ساءه. ثم أطلع الله رسوله على أمر صحيفتهم وان الأرضة قد أكلت ما كان فيها من جور وظلم وبقي ما كان فيها من ذكر الله عز وجل.

وقد خرجت خديجة (رضي الله عنها) مع زوجها إلى الشعب المذكور وامضوا جميعاً فترة عصيبة، امتدت إلى ثلاث سنوات ثم فك الحصار عنهم وعادوا جميعاً إلى بيوتهم.

وفاتها:

إن السيدة خديجة - رضي الله عنها- كانت عاقلة جليلة دينة مصونة، كريمة، من أهل الجنة، وكان النبي صلى الله عليه وسلم يثني عليها ويفضلها على سائر أمهات المؤمنين ، ويبالغ في تعظيمها.

وقد ماتت خديجة -رضي الله عنها - بمكة قبل هجرة المصطفى صلى الله عليه وسلم إلى المدينة بثلاث سنين. وقيل توفيت في رمضان، ودفنت بالحجون عن خمس وستين سنة (٥٩) وقد ماتت بعد أبي طالب بثلاثة أيام. وهكذا توفيت السيدة الفاضلة بعد أن أقامت مع رسول الله صلى الله عليه وسلم أربعاً وعشرين سنة وستة أشهر، ودفنها رسول الله صلى الله عليه وسلم بالحجون، ولم تكن الصلاة على الجنائز قد فرضت بعد.

وحزن عليها النبي صلى الله عليه وسلم بالغاً، فقد كانت رضي الله عنها - رفيقة دربه، ومؤنسة شبابه وعزلته بعد جهره بالدعوة وشريكة سجنه مع أولادها حينما حاصرتهم قريش في شعب بني هاشم. ودفنها رسول الله صلى الله عليه وسلم ونزل في قبرها.

وبموت السيدة الفاضلة خديجة، وكذلك عم النبي صلى الله عليه وسلم تجرأت قريش على رسول الله صلى الله عليه وسلم وذلك لأنهما كانا من أشد المناصرين له والمدافعين عنه. وقد سمي العام الذي مات فيه أبو طالب وخديجة: عام الحزن.

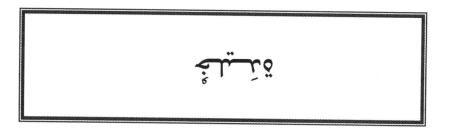

هي بنت قيس بن ثابت من بني دهمان. تزوجها البراء بن معرور من بني سلمة، وهو أحد النقباء، فولدت له بشراً، الذي شهد بدراً.

ولقد أسلمت خليدة، وبايعت رسول الله صلى الله عليه وسلم وروت عنه. قالت للنبي، عليه السلام:- يا رسول الله، هل يتعارف الموتى؟ فقال: تربت يداك، وربما قال "ترب جبينك" النفس الطيبة طير خضر في الجنة، فإن كان الطير يتعارفون في رؤوس الشجر، فإنهم يتعارفون.

وروي عنها أنها قالت:- سمعت رسول الله صلى الله عليه وسلم يقول لأصحابه:- ألا أنبئك بخير الناس رجلاً؟ قالوا:- بلى يا رسول الله، قالت، ورمى بيده نحو المغرب. فقال:- رجل آخذ بعنان فرسه ينتظر أن يغير أو يغار عليه. ألا أنبئكم بخير الناس رجلاً بعده؟ قالوا:- بلى يا رسول الله، قالت، ورمى بيده نحو الحجاز، فقال:- رجل في غنمه يقيم الصلاة ويؤتي الزكاة ويعلم حق الله في ماله. قد اعتزل شرور الناس.

وروي عن عائشة (رضي الله عنها)، إنها قالت:- دخلت أم بشر بن البراء (وهي خليدة بنت قيس) على رسول الله صلى الله عليه وسلم، في مرضه الذي مات فيه، وهو محموم، فمسته، فقالت:- ما وجدت مثلما عليك يوم أحد. فقال رسول الله صلى الله عليه وسلم: كما يضاعف لنا الأجر، كذلك يضاعف علينا البلاء، ما يقول الناس؟

قالت: زعم الناس أن برسول الله ذات الجنب.

فقال:- ما كان الله ليسلطها علي، إنما هي همزة من الشيطان، ولكنه من الأكلة التي أكلت أنا وابنك يوم خيبر، ما زال يصيبني منها عداد حتى كان هذا، وآن انقطاع أبهري. فمات رسول الله صلى الله عليه وسلم شهيداً.

خولة بنت ثعلبة

هي خولة بنت ثعلبة بن أصرم بن فهد بن ثعلبة بن غنم بن عوف، وقيل خولة بنت مالك بن ثعلبة بن أصرم، ويقال لها -أيضاً- خويلة، ولكن إطلاق خولة عليها أكثر.

تزوجها أوس بن الصامت بن قيس بن أصرم بن فهد، أخو عبادة بن الصامت، وهي (المجادلة)، أسلمت وبايعت رسول الله صلى الله عليه وسلم.

قالت خولة:- فيّ و الله وفي أوس، أنزل الله عز وجل صدر سورة المجادلة، قالت:- كنت عنده، وكان شيخاً كبيراً قد ساء خلقه وضجر، فدخل علي يوماً، فراجعته بشيء فغضب، وقال:- أنت علي كظهر أمي، فقلت له: و الله لقد تكلمت بكلام عظيم. ثم عمدت لرسول الله صلى الله عليه وسلم، فروت له ما حدث بينها وبين أوس. فأرسل رسول الله صلى الله عليه وسلم إلى زوجها فحضر، فقال له:- ماذا تقول ابنة عمك ؟ قال:- صدقت، فقد ظاهرت منها، فقلت لها:- أنت علي كظهر أمي. فقال له رسول الله صلى الله عليه وسلم:- لا تدن منها، ولا تدخل عليها حتى آذن لك. ثم أنزل الله قوله تعالى" قد سمع الله قول التي تجادلك في زوجها وتشتكي إلى الله و الله يسمع تحاوركما" إلى آخر الآيات(٦٠).

وكانت خولة عند رسول الله صلى الله عليه وسلم. فقال لها:- (مريه فليعتق رقبة). قالت:- و الله يا رسول الله ما عنده ما يعتق. قالت (فليصم شهرين متتابعين). قالت:- و الله إنه لشيخ كبير ما به من طاقة. قال:- (فليطعم ستين مسكيناً وسقا تمر). قالت:- يا رسول الله (ما ذاك عنده). فقال رسول الله صلى الله عليه وسلم:- (فأنا سنعينك بعذق من تمر). قالت:- يا رسول الله، وأنا سأعينه بعذق آخر، فقال:- (قد أحببت وأحسنت، فاذهبي فتصدقي به عنه، ثم استوصى بابن عمك خيراً). قالت : ففعلت. وكان الذي يظاهر في الجاهلية تحرم عليه امرأته إلى آخر الدهر، فكان أول من ظاهر في الإسلام أوس بن صامت. ثم ندم على ما كان منه وقال لامرأته:- ما أراك إلا قد حرمت علي. قالت:- ما ذكرت طلاقاً، وإنما كان هذا

التحريم فينا قبل ان يبعث الله رسوله، فأتت رسول الله صلى الله عليه وسلم وسألته فأنزل الله سبحانه وتعالى، الآيات السابقة. بعد أن جادلت رسول الله صلى الله عليه وسلم مراراً حين قال لها:- "ما أراك إلا قد حرمت عليه".

خرج عمر بن الخطاب ومعه الناس، فمر بعجوز فاستوقفته فوقف. فجعل يحدثها وتحدثه، فقال له رجل:- يا أمير المؤمنين، حبست الناس على هذه العجوز، فقال:- ويلك أتدري من هذه؟ هذه امرأة سمع الله شكواها من فوق سبع سموات هذه خولة بنت ثعلبة، التي أنزل الله فيها (قد سمع الله قول التي تجادلك في زوجها وتشتكي إلى الله). و الله لو أنها وقفت إلى الليل ما فارقتها إلا للصلاة. ثم ارجع إليها. وروى أنها قالت لعمر:- اتق الله في الرعية، واعلم أنه من خالف الوعيد قرب عليه البعيد، ومن فاق الموت خشي الفوت.

خولة بنت المنذر الأنصارية

هي التي أرضعت إبراهيم بن الرسول صلى الله عليه وسلم، ولإبراهيم الذي ولد لرسول الله صلى الله عليه وسلم في آخر حياته الشريفة مكانة رمزية كبيرة، رغم أنه لم يعش سوى سنة أو بضع سنة.

لقد كانت الرسالة التي حملها حاطب بن أبي سليقة إلى المقوقس عظيم القبط بمصر- تدعوه إلى الإسلام، فلم يستجب المقوقس للدعوة، ولكنه أراد أن يصانع رسول الله صلى الله عليه وسلم بالهدايا، فكان مما أهدى إليه جارية من أبناء القبط سرية جميلة- اسمها مارية القبطية - وقبلها رسول الله صلى الله عليه وسلم وانجب منها ابنه إبراهيم بعد انقطاع عن الإنجاب منذ موت خديجة أم المؤمنين الأولى- رضي الله عنها.

ملأ السرور جوانح رسول الله صلى الله عليه وسلم بميلاد إبراهيم، فأحاطه برعايته وحنانه، واختار له مرضعاً من الأنصار هي خولة بنت المنذر من أخواله بني النجار أنصار الله ورسوله، فقامت بإرضاع إبراهيم ما عاش إبراهيم. وبذا استحقت اللقب الذي لازمها:- ظئر إبراهيم.

ومرض إبراهيم الحبيب بعد عام وبعض عام من ميلاده، فأخذه رسول الله في أحضانه وقد أخذه الحنين به والرقة عليه، وانهمرت الدموع من العينين النبويتين على المريض الصغير، وكلن هذا العطف والحزن وهذه الرقة والدموع لم تنسي الرسول تسليمه بقضاء الله، فأخذ ينظر إلى وحيده ويقول:- إنا يا إبراهيم لا نغني عنك من الله شيئاً.

وأخذت عيناه تفيضان بالدموع وهو يقول:-

"تدمع العين، ويحزن القلب، ولا نقول إلا ما يرضي الرب، وإنا يا إبراهيم عليك لمحزنون، وإنا لله وإنا إليه راجعون".

ونظر رسول الله صلى الله عليه وسلم إلى أمه المحزونة فواساها بقوله:- "إن له لمرضعاً في الجنة".

وعندما انكسفت الشمس والمسلمون يدفنون إبراهيم قالوا:- لقد انكسفت الشمس لموت إبراهيم.

فرد رسول الله صلى الله عليه وسلم هذا وقال:- "إن الشمس والقمر آيتان من آيات الله، ولا تخسفان لموت أحد ولا لحياته".

لقد كان في ميلاد إبراهيم عبر وفي موته عبر على قصر المدة التي عاشها، ولقد كان له في الدنيا مرضعاً خولة.

بنت المنذر.. ظئر إبراهيم.

ولإبراهيم في الجنة مرضع ... من الحور العين.

رفيدة بنت كعب الأسلمية

كانت رفيدة امرأة من أسلم، وأسلم من قبائل الأنصار الـذين أووا ونصـروا، وكـان والدها ممـن مـارس الطب، فأخذته عنه وبرعت فيه.

كانت رفيدة من أوائل المسلمات الأنصاريات، آمنت بالله ورسوله والرسالة التي ارتضاها اللـه دسـتوراً للعالمين.. فبذلت في سبيل ذلك جهدها وطاقتها.

وكانت كما روى ابن كثير في أسد الغابة:- "تحتسب بنفسها على خدمة من به ضيعة مـن المسلمين". بمعنى أنها تفرغت للخدمة الاجتماعية بأوسع صورها. فكانت تخدم من ترى أنه بحاجة إلى هذه الخدمـة فقيراً أو يتيماً أو منقطعاً. وكانت تتوج عملها في خدمة المرضى والجرحى من المسلمين.

أقامت رفيدة خيمتها الطبية بجانب المسجد النبوي، تقوم فيها على تطبيب فرض المسلمين. وعنـدما نشبت المعارك بين الإسلام والشرك، شمرت عن ساعد الجد وخرجت مع المسلمين تـداوي جرحـاهم، وفي غزوة الخندق نصبت رفيدة خيمتها في ميـدان المعركة، فكانـت خيمتهـا هـذه أول مستشفى ميـداني في الإسلام.

وعندما جرح الصحابي الجليل سعد بن معاذ في معركة الخندق، أمـر رسـول اللـه صلى اللـه عليـه وسلم بنقله إلى خيمة رفيدة حتى تقوم على علاجه، فقامت بمهمتها خير قيام، وكان رسولنا الكـريم يـزور سعداً في خيمة رفيدة ويطمئن على صحته. ويأخذ تقريراً شفوياً بذلك من رفيدة.

وعندما خرج رسـول اللـه صلى اللـه عليه وسلم إلى معركة خيبر كانت رفيدة معه. وكان معهـا نسـوة يساعدنها في مهمتها، وقامت رفيدة بمهمتها كاملة، فأثنى عليها رسولنا الكريم وأعطاها سهم رجـل حـارب على فرسه بسيفه. معتبراً ما قامت به في ميدان التمريض مساوياً لما قام به الرجال في ميدان القتـال.لقد كانت رفيدة من أولئك النساء اللواتي أفرغن جهدهن في خدمة هذا الدين، وشـاركن مـن خـلال مـا أجدن من عمل في نصرة اللـه ورسوله، وكان ما أجادته رفيدة هذا العمـل الرائـع في تمـريض المسلمين- فكانـت بحق جديرة بلقب الممرضة الأولى في الإسلام.

رقيـة بنت النبي (صلى اللـه عليه وسلم)
(رضي اللـه عنها)

ولدت رقية بنت رسول الله صلى الله عليه وسلم، وأمها خديجة - رضي الله عنهما - بمكة- وقد ذكر أن رقية ولدت ورسول الله صلى الله عليه وسلم ابن ثلاث وثلاثين سنة (٦١).

كانت رقية تحت عتبة بن أبي لهب ، وكانت أختها أم كلثوم تحت عتيبة بن أبي لهب. فلما نزلت:- (تبت يدا أبي لهب وتب)(٦٢) قال لهما أبوهما أبو لهب وأمهما حمالة الحطب:

فارقا ابنتي محمد. وقال أبو لهب:- رأسي من رأسكما حرام أن لم تفارقا ابنتي محمد، ففارقاهما.

ففارقها عتبة ولم يكن دخل بها. ولقد عانت من اضطهاد حمالة الحطب كثيراً.

زواجها من عثمان (رضي الله عنهما):

كانت رقية بنت رسول الله صلى الله عليه وسلم عند عتبة بن أبي لهب ففارقها، فتزوج عثمان بن عفان - رضي الله عنه - رقية بمكة. وهاجرت معه إلى أرض الحبشة فولدت له عبد الله، به كان يكنى. وقدمت معه المدينة. وتخلف عن بدر عليها بإذن رسول الله صلى الله عليه وسلم وضرب له رسول الله صلى الله عليه وسلم مع أهل بدر سهمين.

قال:- وأجري يا رسول الله؟

قال:- ((وأجرك)).

وكان عثمان يكنى في الجاهلية أبا عبد الله، فلما كان الإسلام وولد له من رقية بنت رسول الله صلى الله عليه وسلم غلام سماه عبد الله، واكتنى به، فبلغ الغلام ست سنين. فنقر عينه ديك. فتورم وجهه ومرض ومات.

وقد توفي عبد الله بن عثمان بن رقية بنت رسول الله صلى الله عليه وسلم في جمادى الأولى سنة أربع من الهجرة. وهو ابن ست سنين. وصلى عليه رسول الله ونزل في حفرته أبوه عثمان رضي الله عنهما.

ويروى أن عثمان خرج برقية إلى الحبشة مهاجراً فاحتبس خبرهما فأتت امرأة وأخبرت النبي صلى الله عليه وسلم بأنها رأتهما. فقال صلى الله عليه وسلم:-

((منحهما الله. ان عثمان أول من هاجر بأهله)). يعني من هذه الأمة.

وكان عثمان بن عفان (رضي الله عنه) لا يوقظ نائماً من أهله، إلا أن يجده يقظان فيدعوه فيناوله وضوءه وكان يصوم الدهر.

وجاء من أوجه متواترة أن رسول الله صلى الله عليه وسلم بشره بالجنة. وعده من أهل الجنة وشهد له بالشهادة.

وعن أبي المقدام مولى عثمان قال:- بعث النبي صلى الله عليه وسلم مع رجل بالطائف إلى عثمان فاحتبس الرجل فقال له النبي صلى الله عليه وسلم:-

((ما حبسك؟ ألا كنت تنظر إلى عثمان ورقية تعجب من حسنهما)).

وبعد وفاة عبد الله بن عثمان (رضي الله عنهما)، لم تحتمل رقية بنت رسول الله صلى الله عليه وسلم هذه الصدمة العنيفة فبكته كثيراً وحزن الرسول صلى الله عليه وسلم على حفيده وسقطت الأم المسكينة صريعة الحمى وعجز جسمها النحيل عن مقاومة المرض وبقي عثمان (رضي الله عنه) إلى جوارها يخفف عنها آلامها. فلم يتمكن من المشاركة في معركة بدر، التي كانت تدور رحاها آنذاك.

وفاتها:

تخلف عثمان وأسامة بن زيد عن بدر، وكان تخلف عثمان على امرأته رقية بنت رسول الله صلى الله عليه وسلم – فبينما هم يدفنونها سمع عثمان تكبيراً .

فقال:- يا أسامة ما هذا التكبير؟

فنظروا فإذا زيد بن حارثة على ناقة رسول الله صلى الله عليه وسلم الجدعاء، بشيراً بمقتل أهل بدر من المشركين. وأن رقية -رضي الله عنها- أسلمت روحها الطاهرة في الوقت الذي انطلقت فيه صيحات الفرح من المسلمين، لإحرازهم النصر

المؤزر. ودفنت - رضي الله عنها - في المدينة وأنها كانت في ريعان الشباب وعمرها حوالي عشرين سنة رحمها الله تعالى.

رقيقـة الثقفيـة

عندما اشتد أذى قريش لرسول الله صلى الله عليه وسلم بعد موت عمه أبي طالب وزوجه خديجة، رأى أن يطلب النصرة من قبيلة ثقيف في الطائف، فذهب إليهم فلم يلق منهم إلا الصدود والأذى. وفي رحلته هذه أسلم رجل وأسلمت امرأة:- أما الرجل فعداس، وأما المرأة فرقيقة الثقفية.

حدثت رقيقة قالت:- لما أتى النبي صلى الله عليه وسلم يبتغي النصرة من ثقيف بالطائف، دخل علي، فأخرجت له شراباً من سويق، فقال:- يا رقيقة، لا تعبدي طاغيتهم، ولا تصلي إليها. قلت:- إذاً يقتلونني.

قال:- فإذا صليت فولها ظهرك.

وخرج رسول الله صلى الله عليه وسلم من الطائف وقد خذله أهلها،بل أمروا صبيانهم بمطاردته بالحجارة. وقد أثر في نفسية عليه السلام، فجلس غير بعيد من الطائف، ودعا بدعائه المشهور:" اللهم إليك أشكو ضعف قوتي، وقلة حيلتي، وهواني على الناس، يا أرحم الراحمين، أنت رب المستضعفين، وانت ربي، إلى من تكلني؟ إلى بعيد يتجهمني، أم إلى عدو ملكته أمري، إن لم يكن بك علي غضب فلا أبالي، ولكن عافيتك أوسع لي، أعوذ بنور وجهك الذي أشرقت له الظلمات وصلح عليه أمر الدنيا والآخرة، من أن تنزل بي غضبك، أو يحل علي سخطك، لك العتبى حتى ترضى، ولا حول ولا قوة إلا بك."

وعندما أسلمت ثقيف بعد معركة حنين وحصار الطائف، أقبل أبناء رقيقة: سفيان بن قيس بن أبان ووهب بن قيس بن أبان، على رسول الله صلى الله عليه وسلم ، فأسلما وسألهما رسول الله صلى الله عليه وسلم : ما فعلت أمكما؟ قالا : ماتت على الحال التي تركتها عليه. قال عليه السلام : لقد أسلمت أمكما.

وكانت رقيقة أول امرأة تسلم من ثقيف، وقد أسلمت في وقت صدت فيه ثقيف رسول الله صلى الله عليه وسلم ورأت أن تسلم، وثبتت بعده على إسلامها وماتت عليه، وشهد لها رسول الله صلى الله عليه وسلم بالإسلام.

ريحـــانـة

هي بنت زيد بن عمرو بن خنافة بن سمعون (وقيل شمعون) بن زيد، من بني النضير. كانت متزوجة رجلاً من بني قريظة يقال له الحكم. فنسبها بعض الرواة إلى بني قريظة لذلك.

وقد كان بين بني قريظة وبين النبي صلى الله عليه وسلم عهد، فلما جاءت الأحزاب نقضوه. وظاهروهم فلما هزم الله عز وجل الأحزاب، تحصنوا فجاء جبريل ومن معه من الملائكة. فقال يا رسول الله : انهض إلى بني قريظة. فقال: (إن في أصحابي جهدا). قال: انهض إليهم فلأضعضعنهم . فأدبر جبريل ومن معه من الملائكة حتى سطع الغبار في زقاق بني غنم من الأنصار.

وعن السيدة عائشة -رضي الله عنها - قالت:- لما رجع النبي صلى الله عليه وسلم من الخندق ووضع السلاح واغتسل أتاه جبريل عليه السلام فقال:- ((قد وضعت السلاح! و الله ما وضعناه. فاخرج إليهم. قال:- فإلى أين؟ قال هاهنا وأشار إلى بني قريظة. فخرج النبي صلى الله عليه وسلم إليهم.

ومن حديث عبد الله بن عمرو -رضي الله عنهما- قال:- قال النبي صلى الله عليه وسلم يوم الأحزاب:- ((لا يصلين أحد العصر إلا في بني قريظة)).

فأدرك بعضهم العصر في الطريق، فقال بعضهم:- لا نصلي حتى نأتيهم. وقال بعضهم:- بل نصلي لم يرد منا ذلك. فذكر ذلك للنبي صلى الله عليه وسلم فلم يعنف واحداً منهم.

وقد حاصرهم رسول الله صلى الله عليه وسلم خمساً وعشرين ليلة، حتى جهدهم الحصار، وقذف الله في قلوبهم الرعب. ثم أنهم نزلوا تحت حكم سعد بن معاذ سيد الأنصار- رضي الله عنه- فقال:- فإني أحكم فيهم، أن تقتل المقاتلة، وان تسبى النساء والذرية،وان تقسم أموالهم فقال له رسول الله صلى الله عليه وسلم:- (قضيت بحكم الله).

ثم أن رسول الله صلى الله عليه وسلم قسم أموال بني قريظة ونساءهم وأبناءهم على المسلمين، وكان رسول الله صلى الله عليه وسلم، قد اصطفى لنفسه من نسائهم ريحانة بنت زيد بن عمرو،

إحدى نساء بني عمرو بن قريظة. فكانت عند رسول الله صلى الله عليه وسلم حتى توفي عنها وهي في ملكه.

وقد كان رسول الله صلى الله عليه وسلم عرض عليها أن يتزوجها ويضرب عليها الحجاب، فقالت:- يا رسول الله بل تتركني في ملكك، فهو أخف علي وعليك فتركها.

وقد كانت حين سباها، قد تعصت بالإسلام ، وأبت إلا اليهودية، فعزلها رسول الله صلى الله عليه وسلم. ووجد في نفسه لذلك من أمرها. فبينما هو مع أصحابه، إذ سمع وقع نعلين خلفه، فقال:- ((إن هذا لثعلبة بن سعيه، يبشرني بإسلام ريحانة)). فجاءه فقال:- يا رسول الله، قد أسلمت ريحانة. فسره ذلك من أمرها.

ويروى أن رسول الله، قد أعتق ريحانة بنت زيد بن عمرو، وكانت عند زوج لها محب لها مكرم. فقالت لا استخلف بعده أبداً، وكانت ذات جمال، فلما سبيت بنو قريظة عرض السبي على رسول الله وقد عزلها.

وكان يكون له صفي من كل غنيمة. فلما عزلت أرسلها إلى منزل أم المنذر بنت قيس أياماً حتى قتل الأسرى وفرق السبي.

ثم دخل عليها -عليه السلام- فاستحيت منه، فدعاها فقال:- إن اخترت الله ورسوله، اختارك رسول الله لنفسه، فقالت:- إني أختار الله ورسوله، فلما أسلمت اعتقها رسول الله صلى الله عليه وسلم وتزوجها، وأصدقها ما كان يصدق نساءه، وأعرس بها في بيت ام المنذر. وكان يقسم لها ما كان يقسم لنسائه، وضرب عليها الحجاب، وكانت لا تسأله إلا أعطاها ذلك.

وروي أيضاً من طريق محمد بن عمر، قال:- حدثني صالح بن جعفر عن محمد بن كعب، قال:- كانت ريحانة مما أفاء الله عليه فكانت امرأة جميلة وسيمة. فلما قتل زوجها دفعت في السبي. فكانت صفي رسول الله صلى الله عليه وسلم يوم بني قريظة، فخيرها رسول الله بين الإسلام وبين دينها فاختارت الإسلام. فاعتقها رسول الله وتزوجها وضرب الحجاب. فغارت عليه غيرة شديدة، فطلقها تطليقة

وهي في موضعها لم تبرح، فشق عليها وأكثرت البكاء، فدخل عليها رسول الله صلى الله عليه وسلم، وهي على تلك الحال فراجعها، فكانت عنده حتى ماتت عنده قبل أن يتوفى صلى الله عليه وسلم (٦٣).

وتوفيت عند رسول الله صلى الله عليه وسلم، وقال إنها كانت عند رسول الله صلى الله عليه وسلم لم يعتقها حتى ماتت على تلك الحال.(٦٤)

وقيل إنها ماتت قبل وفاة النبي صلى الله عليه وسلم في سنة عشر، وهي راجعة من حجة الوداع.

زينب بنت النبي (صلى الله عليه وسلم)
(رضي الله عنها)

ولدت السيدة زينب بنت رسول الله صلى الله عليه وسلم في مكة قبل بعثة النبي صلى الله عليه وسلم سنة ثلاثين من مولد النبي صلى الله عليه وسلم وهي أكبر بناته صلى الله عليه وسلم

زواجها :

كان أبو العاص بن الربيع من رجال مكة المعدودين مالاً وأمانة وتجارة. وهو ابن هالة بنت خويلد – أخت خديجة زوج النبي صلى الله عليه وسلم. وكانت خديجة – رضي الله عنها- خالته. فسألت خديجة رسول الله صلى الله عليه وسلم أن يزوجه زينب. وكان رسول الله صلى الله عليه وسلم لا يخالفها، وذلك قبل بعثته صلى الله عليه وسلم فزوجه، فكانت خديجة تعده بمنزلة ولدها. فلما أكرم الله عز وجل. رسول الله صلى الله عليه وسلم بنبوته، آمنت به خديجة وبناته. فصدقته، وشهدت أن ما جاء به هو الحق، ودون دينه وثبت أبو العاص على شركه.(٦٥)

وحاولت قريش أن تضغط على أبي العاص ليطلق زينب ويردها إلى أبيها. فقالوا له:- فارق صاحبتك، ونحن نزوجك أي امرأة من قريش شئت، فقال :- لا و الله إني لا أفارق صاحبتي،وما أحب أن لي بامرأتي امرأة من قريش.

وكان الإسلام قد فرق بين زينب بنت رسول الله صلى الله عليه وسلم حين أسلمت، وبين أبي العاص بن الربيع، إلا أن رسول الله صلى الله عليه وسلم كان لا يقدر على أن يفرق بينهما، فأقامت معه على إسلامه وهو على شركه، حتى هاجر رسول الله صلى الله عليه وسلم.

معركة بدر وأسر أبي العاص :

إن أبا العاص بن الربيع كان فيمن شهد بدراً مع المشركين فأسره عبد الله بن جبير بن النعمان الأنصاري، فلما بعث أهل مكة في فداء أسراهم قدم في فداء أبي العاص أخوه عمرو بن الربيع وبعثت معه زينب بنت رسول الله -وهي يومئذٍ بمكة - بقلادة لها كانت لخديجة بنت خويلد من جذع ظفار. وظفار جبل باليمن. وكانت خديجة بنت خويلد أدخلتها بتلك القلادة على أبي العاص بن الربيع حين بنى بها.

فبعثت بها في فداء زوجها أبي العاص، فلما رأى رسول اللـه صلى اللـه عليه وسلم القلادة عرفها ورق لها وذكر خديجة وترحم عليها وقال:-

"ان رأيتم أن تطلقوا لها أسيرها وتردوا لها متاعها فعلتم"

فقالوا:- نعم يا رسول اللـه، فأطلقوا أبا العاص بن الربيع وردوا على زينب قلادتها واخذ النبي صلى اللـه عليه وسلم على أبي العاص أن يخلي سبيلها إليه فوعده ذلك ففعل. (٦٦)

خروج زينب إلى المدينة:

كان أبو العاص قد وعد رسول اللـه صلى اللـه عليه وسلم قبل إطلاق سراحه - أن يخلي سبيل زينب إليه – فلما خرج أبو العاص إلى مكة، وخلي سبيله، بعث رسول اللـه صلى اللـه عليه وسلم زيد بن حارثة ورجلاً من الأنصار. فقال:- كونا ببطن يأجج، حتى تمر بكما زينب، فتصحباها حتى تأتياني بها. فخرجا، وذلك بعد بدر بشهر تقريباً، فلما قدم أبو العاص مكة، أمرها باللحاق بأبيها، فأخذت تعد نفسها لهذا الأمر، فرأتها هند بنت عتبة فأدركت مرادها، لكنها أرادت أن تستوثق من الأمر. فقالت لها:- أي أبنة عمي، ألم يبلغني إنك تريدين اللحاق بأبيك؟ فأنكرت زينب ذلك، فتابعت هند كلامها قائلة:- ان كانت لك حاجة بمتاع مما يرفق بك في سفرك، أو بمال تتبلغين به إلى أبيك فلا تستريبي مني..

تقول زينب: فأنكرت أن أكون أريد ذلك، وتجهزت فلما فرغت زينب من جهازها، قدم لها حموها كنانة بن الربيع، أخو زوجها، بعيراً فركبته، وأخذ قوسه وكنانته، ثم خرج بها نهاراً يقود بها، وهي في هودج لها. وعلمت قريش بذلك، فخرج رجال منها في طلبها حتى أدركوها بذي طوى، وكان هبار بن الأسود أول من سبق إليها، فروعها بالرمح، وهي في هودجها، وكانت المرأة حاملاً فيما يزعمون، فلما ريعت طرحت الذي بطنها، وبرك حموها كنانة، ونثر كنانته، ثم قال:-

و الله لا يدنو مني رجل إلا وضعت فيه سهماً، فتأخر الناس عنه.

وأتى أبو سفيان في حلة من قريش، فقال:- أيها الرجل كف عنا بتلك حتى نكلمك، فكف، فأقبل أبو سفيان حتى وقف عليه.

فقال:- إنك لم تصب، خرجت بالمرأة على رؤوس الناس علانية من محمد، فيظن الناس إذا أخرجت ابنته إليه علانية على رؤوس الناس من بين أظهرنا أن ذلك على ذل أصابنا عن مصيبتنا التي كانت، وان ذلك منا ضعف ووهن، ولعمري مالنا بحبسها عن أبيها من حاجة، ولكن ارجع بالمرأة حتى إذا هدأت الأصوات وتحدث الناس أن قد رددناها فسلها سراً وألحقها بأبيها.

فأقامت ليالي، حتى إذا هدأت الأصوات خرج بها ليلاً حتى أسلمها إلى زيد بن حارثة وصاحبه، فقدما بها على رسول الله صلى الله عليه وسلم.

وقال أبو خيثمة، هذه الأبيات حين استقبال زينب بنت رسول الله صلى الله عليه وسلم بالمدينة.

أتاني الذي لا يقدر الناس قدره	لزينب فيهم من عقوق ومأثم
وإخراجها لم يخز فيها محمد	على مأقط وبيننا عطر منشم
وأمسى أبو سفيان من حلف ضمضم	ومن حربنا في رغم أنف ومندم
قرنا ابنة عمر ومولى يمينه	بذي حلق جلد الصلاصل محكم
فأقسمت لا تنفك منا كتائب	سراة خميس في لهام مسوم
نزوع قريش الكفر حتى نعلها	بخاطمة فوق الأنوف بميسم
تنزلهم أكناف نجد ونخله	وان يتهموا بالخيل والرجل نتهم
يد الدهر حتى لا يعوج سربنا	ونلحقهم أثار عادٍ وجرهم
ويندم قوم لم يطيعوا محمداً	على أمرهم وأي حين تندم
فأبلغ أبا سفيان أما لقيته	لئن أنت لم تخلص سجوداً وتسلم
فأبشر بخزي في الحياة معجل	وسربال قار خالد في جهنم

وعن أبي هريرة رضي اللـه عنه، قال:- بعث رسول اللـه صلى اللـه عليه وسلم سرية أنا فيها فقال لنا "إن ظفرتم بهبار بن الأسود أو الرجل الآخر الذي سيق معه إلى زينب فحرقوهما بالنار".

قال:- فلما كان الغد بعث إلينا فقال ((إني كنت أمرتكم بتحريق هذين الرجلين إن أخذتموهما، ثم رأيت أنه لا ينبغي لا حد أن يعذب بالنار إلا اللـه فإن ظفرتم بهما فاقتلوهما)).

والحديث أخرجه سعيد بن منصور، ان هبار بن الأسود، أصاب زينب بنت رسول اللـه صلى اللـه عليه وسلم بشيء وهي في خدرها فأسقطت، فبعث رسول اللـه صلى اللـه عليه وسلم سرية فقال: ((إن وجدتموه فاجعلوه بين حزمتي حطب، ثم أشعلوا فيه النار)). ثم قال:- إني لأستحي من اللـه، لا ينبغي لأحد ان يعذب بعذاب اللـه)).

وقال:- ((إن وجدتموه فاقطعوا يده، ثم اقطعوا رجله، ثم اقطعوا يده، ثم اقطعوا رجله)).

فلم تصبه السرية وأصابته نقله إلى المدينة، فأسلم، فأتى النبي صلى اللـه عليه وسلم فقيل له:- هذا هبار يسُب ولا يُسَب، وكان رجلاً سباباً، فجاءه النبي صلى اللـه عليه وسلم يمشي حتى وقف عليه، فقال:-

((يا هبار سب من سبك، يا هبار سب من سبك)).

قال الحافظ بعد أن ذكره، وهذا مرسل، وفيه وهم في قوله هاجر إلى المدينة، فإنه أسلم في الجعرانة، وذلك بعد فتح مكة، ولا هجرة بعد الفتح، والصواب ما قاله الزبير بن بكار. ان هباراً لما أسلم وقدم المدينة، جعلوا يسبونه! فذكر ذلك لرسول اللـه صلى اللـه عليه وسلم فقال:- ((سب من سبك)) فانتهوا عنه.

وأما صفة إسلامه، فأخرجها الواقدي من طريق سعيد بن محمد بن جبير بن مطعم عن أبيه عن جده، قال:-

كنت جالساً مع رسول الـلـه صلى الـلـه عليه وسلم منصرفاً من الجعرانة. فـاطلع هبـار بـن الأسـود من باب رسول الـلـه صلى الـلـه عليه وسـلم فقـالوا:- يـا رسـول الـلــه، هبـار بـن الأسـود! قـال (عليـه السلام): ((قد رأيته)).

فأراد رجل من القوم أن يقوم، فأشار النبي صلى الـلـه عليه وسلم إليه:- أن اجلس.

فوقف هبار، فقال:- السلام عليك يا نبي الـلـه. أشهد أن لا إله إلا الـلـه، وأشـهد أن محمـداً رسـول الـلـه. ولقد هربت منك في البلاد، وأردت اللحاق بالأعاجم، ثم ذكرت عائدتك، وصـلتك وصـفحك عمـن جهل عليك. وكنا يا نبي الـلـه أهل شرك، فهدانا الـلـه بك، وأنقذنا من المهلك. فاصفح عن جهلي، وعـما كان يبلغك عني، فإني مقر بسوء فعلي، معترف بذنبي.

فقال رسول الـلـه صلى الـلـه عليه وسلم:- ((قد عفوت عنك، وقد أحسن الـلـه إليك حيـث هـداك إلى الإسلام، والإسلام يجب ما قبله)).

إسلام أبي العاص:

خرج أبو العاص بن الربيع إلى الشام في عير لقريش وبلغ رسول الـلـه صـلى الـلــه عليـه وسـلم، أن تلك العير قد أقبلت من الشام فبعث زيد بن حارثة في سبعين ومائة راكب فلقوا العير ناحية العـيص في جمادى الأولى سنة ست من الهجرة فأخذوها وما فيها من الأثقال وأسروا ناساً ممن كان في العير، مـنهم أبو العاص بن الربيع.

فلم يعد ان جاء المدينة فدخل على زينب بنت رسول الـلـه صلى الـلـه عليـه وسـلم بسـحر وهـي امرأته فاستجارها فأجارته، فلما وصل رسول الـلـه صلى الـلـه عليه وسلم الفجر قامت على بابها فنادت بأعلى صوتها:- إني قد أجرت أبا العاص بن الربيع.

فقال رسول الله:- ((أيها الناس هل سمعتم ما سمعت؟ قالوا:- نعم. قال:- فوالذي نفسي بيده ما علمت بشيء مما كان حتى سمعت الذي سمعتم. المؤمنون يد على من سواهم يجير عليهم أدناهم وقد أجرنا من أجارت)).

فلما انصرف النبي صلى الله عليه وسلم إلى منزله دخلت عليه زينب فسألته أن يرد على أبي العاص ما أخذ منه ففعل، وأمرها أن لا يقربها فإنها لا تحل له ما دام مشركاً.

ورجع أبو العاص إلى مكة فأدى إلى كل ذي حق حقه ثم أسلم ورجع إلى النبي صلى الله عليه وسلم مسلماً مهاجراً في المحرم سنة سبع من الهجرة، فرد عليه رسول الله صلى الله عليه وسلم زينب بذلك النكاح الأول. (٦٧)

وقال الحافظ،كانت زينب بنت رسول الله صلى الله عليه وسلم تحت أبي العاص بن الربيع، فهاجرت، وأبو العاص على دينه. فاتفق أنه خرج إلى الشام في تجارة. فلما كان يقرب المدينة، أراد بعض المسلمين أن يخرجوا إليه فيأخذوا ما معه. ويقتلوه، فبلغ ذلك زينب، فقالت.

يا رسول الله، أليس عقد المسلمين وعهدهم واحد؟

قال صلى الله عليه وسلم:- ((نعم)).

قالت:- فاشهدا أني أجرت أبا العاص.

فلما رأى ذلك أصحاب رسول الله صلى الله عليه وسلم خرجوا إليه عزلاً بغير سلاح. فقالوا له:- يا أبا العاص، إنك في شرف من قريش، وأنت ابن عم رسول الله صلى الله عليه وسلم وصهره. فهل لك أن تسلم فتغنم ما معك من أموال أهل مكة؟

قال: بئس ما أمرتموني به أن أنسخ ديني بغدر.

فمضى حتى قدم مكة، فدفع إلى كل ذي حق حقه. ثم قام فقال:

يا أهل مكة، أوفيت ذمتي؟

قالوا:- اللهم نعم.

فقال: فإني أشهد أن، لا إله إلا الله، وأن محمداً رسول الله.

ثم قدم المدينة مهاجراً، فدفع إليه رسول الله صلى الله عليه وسلم زوجته بالنكاح الأول. قال الحافظ:- هذا مع صحة سنده .

وكان ثمرة زواج زينب من أبي العاص علياً، وأمامة، أما علي فمات صغيراً، وأما أمامة- فتزوجها علي بن أبي طالب بعد وفاة خالتها الزهراء، ثم تزوجت أمامة بعد وفاة علي – المغيرة بن نوفل بـن الحـارث بن عبد المطلب، وأقامت معه حتى ماتت، من غير خلف.

وفاتهـا:

توفيت زينب رضي الله عنها في أول سنة ثمانٍ من الهجرة، فغسلتها أم أيمـن، وسوده بنت زمعـة وأم سلمة، وقد أوصاهن رسول الله صلى الله عليه وسلم فقال:-

اغسـلنها وتـراً، ثلاثاً أو خمساً، واجعلـن في الخامسـة كافوراً أو شيئـاً مـن كـافور وإذا غسـلتنها فاعلمنني.

فلما غسلنها أعلمنه، فأعطاهن صفوة، وقال:- أشعرنها إياه. ثم أنهن ضفرن شعرها ثلاثة قرون، ناحيتها وقرينها. وألقينه خلفها.

زينب بنت جحش (رضي الله عنها)

هـي زينب بنت رئاب بن يعمر بن جبيرة بن مرة بن كثير بن غنـم بن دودان بن أسد بن خزيمة.

أمها أميمة بنت عبد المطلب بن هاشم عمة رسول الله صلى الله عليه وسلم.

فهي ابنة عمة النبي • وأخوها:- عبد الله بن جحش أول أمير في الإسلام. وكانت تكنى أم الحكم. وكانت قديمة الإسلام. ومن المهاجرات.

وعن أم المؤمنين – زينب بنت جحش – (رضي الله عنها) قالت:-

خطبني عدة من قريش، فأرسلت أختي حمنة إلى رسول الله صلى الله عليه وسلم استشيره، فقال لها رسول الله صلى الله عليه وسلم:- "أين هي ممن يعلمها كتاب ربها وسنة نبيها"؟

قالت:- ومن هو يا رسول الله؟

قال:- "زيد بن حارثة"؟ قالت:- فغضبت حمنة غضباً شديداً. فقالت:- يا رسول اللـه، أتزوج ابنة عمتك مولاك! قالت:- وجاءتني فاعلمتني. فغضبت أشد (من) غضبها، فقلت أشد مـن قولها، فأنزل اللـه عز وجل ((وما كان لمؤمن ولا مؤمنة إذا قضى اللـه ورسوله، أمراً أن يكون لهم الخيرة من أمرهم ومن يعص اللـه ورسوله فقد ضل ضلالاً مبيناً))(٦٨).

قالت:- فأرسلت إلى رسول اللـه صلى الله عليه وسلم، فقلت:- إني استغفر اللـه، وأطيـع اللـه ورسوله، افعل يا رسول اللـه ما رأيت.

فزوجني رسول اللهصلى الله عليه وسلم زيداً، فكنت أرزأ عليه، فشكاني إلى رسول اللـه صلى الله عليه وسلم . ثم عدت فأخذته بلساني، فشكاني إلى رسول اللـه صلى الله عليه وسلم.

فقال رسول اللـه صلى الله عليه وسلم:- "امسك عليك زوجك واتق اللـه"؟

فقال زيد:- أنا أطلقها!

قالت:- فطلقني.

زواجها من رسول الله صلى الله عليه وسلم :

لما انقضت عدتها تزوجها رسول الله صلى الله عليه وسلم. فتكلم المنافقون في ذلك،وقالوا حرم محمد نساء الولد، وتزوج امرأة ابنه! فأنزل الله عز وجل ((ما كان محمداً أبا أحد من رجالكم))(٦٩)، وقال جل شانه (ادعوهم لآبائهم) (٧٠)، فدعي منذ ذلك اليوم (زيد بن حارثة) بدلاً من (زيد بن محمد) وقد تنزل القرآن الكريم مشيراً إلى هذه القصة، التي تداولتها الألسنة، وكثر فيها الكلام، قال تعالى:-

((وإذ تقول للذي أنعم الله عليه وأنعمت عليه أمسك عليك زوجك واتق الله، وتخفي في نفسك ما الله مبديه لك، وتخشى الناس، و الله أحق أن تخشاه، فلما قضى منها زيد وطراً زوجناكها لكي لا يكون على المؤمنين حرج في أزواج أدعيائهم إذا قضوا منهن وطراً، وكان أمر الله مفعولاً))(٧١)

تزوج رسول الله صلى الله عليه وسلم زينب، في هلال ذي القعدة سنة خمس – وهي يومئذ بنت خمس وثلاثين سنة(٧٢).

وكانت وليمة العرس حافلة مشهودة، فقد ذبح صلى الله عليه وسلم شاة وأمر مولاه (أنس بن مالك) أن يدعو الناس إلى الوليمة، فاقبلوا أفواجاً أفواجاً.. قال أنس، حتى أكلوا كلهم، فقال له صلى الله عليه وسلم: يا أنس، ارفع.

وبقي بعض المدعوين في بيت الرسول صلى الله عليه وسلم يتحدثون، ورسول الله جالس، وزوجته مولية ظهرها إلى الحائط، فثقلوا على النبي صلى الله عليه وسلم فأنزل الله تعالى:-

((يا أيها الذين آمنوا لا تدخلوا بيوت النبي إلا أن يؤذن لكم إلى طعام غير ناظرين إناه ولكن إذا دعيتم فادخلوا فإذا طعمتم فانتشروا ولا مستأنسين لحديث. ان ذلك كان يؤدي النبي فيستحي منكم، و الله لا يستحي من الحق ، وإذا سألتموهن متاعاً فاسألوهن من وراء حجاب...)(٧٣).

ومن ذلك اليوم فرض الحجاب على نساء النبي صلى الله عليه وسلم وعلى المؤمنات جميعاً.

وكانت زينب رضي الله عنها. تفتخر بزواجها من رسول الله صلى الله عليه وسلم. فقالت لرسول الله – عليه السلام – يا رسول الله: أنا أعظم نسائك عليك حقاً، وأنا خيرهن منكحاً، وأكرمهن سفيراً، وأقربهن رحماً. فزوجنيك الرحمن من فوق عرشه، وكان جبريل هو السفير بذلك. وأنا ابنة عمتك، وليس لك من نسائك قريبة غيري.

ورعها وتقواها:

كان رسول الله صلى الله عليه وسلم يقسم مما أفاء الله عليه في رهط من المهاجرين، فتكلمت زينب بنت جحش - رضي الله عنها – فانتهرها عمر، فقال رسول الله صلى الله عليه وسلم:- ((خلّ عنها يا عمر، فإنها أواهة))

والأواه:- المتأوه المتضرع، وقيل:- هو كثير البكاء. وقيل: كثير الدعاء وفي حديث الإفك، قالت السيدة عائشة - رضي الله عنها – وكان رسول الله صلى الله عليه وسلم يسأل زينب بنت جحش – رضي الله عنها – عن أمري – فقال صلى الله عليه وسلم:- ((يا زينب ما علمت؟ ما رأيت؟))

فقالت:- يا رسول الله، احمي سمعي وبصري، و الله ما علمت عليها إلا خيراً. قالت: وهي التي كانت تساميني، فعصمها الله بالورع.

ومعنى قولها: وهي التي تساميني:- أي تعاليني وتفاخرني وهو مفاعله من السمو، أي تطاولني في الخطوة والمكانة عند النبيصلى الله عليه وسلم.

وان عائشة زوج النبي صلى الله عليه وسلم قالت:- أرسل أزواج النبي صلى الله عليه وسلم فاطمة، بنت رسول الله صلى الله عليه وسلم، إلى رسول الله صلى الله عليه وسلم، فاستأذنت عليه وهو مضطجع معي في مرطي، فأذن لها.

فقالت: يا رسول الله إن أزواجك أرسلنني إليك يسألنك العدل في ابنة أبي قحافة. وأنا ساكتة. قالت فقال لها رسول الله صلى الله عليه وسلم :((أي بنية، ألست تحبين ما أحب؟))

فقالت: بلى، قال ((فأحبي هذه)).

قالت:- فقامت فاطمة حين سمعت ذلك من رسول الله صلى الله عليه وسلم، فرجعت إلى أزواج النبي صلى الله عليه وسلم فأخبرتهن بالذي قالت، وبالذي قال لها رسول الله صلى الله عليه وسلم، فقلن لها: ما نراك أغنيت عنا من شيء. فارجعي إلى رسول الله صلى الله عليه وسلم فقولي له: إن أزواجك ينشدنك العدل في ابنة أبي قحافة، فقالت فاطمة: و الله لا أكلمه فيها أبداً.

قالت عائشة: فأرسل أزواج النبي صلى الله عليه وسلم زينب بنت جحش، زوج النبي صلى الله عليه وسلم، وهي التي كانت تساميني منهن في المنزلة عند رسول الله صلى الله عليه وسلم. ولم أر امرأة قط خيراً في الدين من زينب. واتقى لله، وأصدق حديثاً. وأوصل للرحم. وأعظم صدقة، وأشد ابتذالاً لنفسها في العمل الذي تصدق به، وتقرب به إلى الله تعالى. ما عدا سورة من حد كانت فيها. تسرع منه الفيئة. قالت، فاستأذنت على رسول الله صلى الله عليه وسلم. ورسول الله صلى الله عليه وسلم مع عائشة في مرطها. على الحالة التي دخلت فاطمة عليها وهو بها. فأذن لها رسول الله صلى الله عليه وسلم. فقالت: يا رسول الله، أن أزواجك أرسلنني إليك يسألنك العدل في ابنة أبي قحافة.

قالت ثم وقعت بي. فاستطالت علي. وأنا أرقب رسول الله صلى الله عليه وسلم، وأرقب طرفه، هل يأذن لي فيها، قالت فلم تبرح زينب حتى عرفت أن رسول الله صلى الله عليه وسلم لا يكره أن أنتصر. قالت فلما دفعت بها لم أنشبها حين أنحيت عليها.

قالت فقال رسول الله صلى الله عليه وسلم وتبسم ((إنها ابنة أبي بكر)).

ومعنى قولها: لم أنشبها حين انحيت عليها، أي لم أمهلها إذ قصدتها واعتمدتها بالمعارضة.

وقال الإمام النووي- إن قولها: يسألنك العدل في ابنة أبي قحافة - يريدون السيدة عائشة ابنة أبي بكر رضي الله عنها، معناه: يسألنك التسوية بينهن في محبة القلب، وكان - عليه السلام- يحب السيدة عائشة رضي الله عنها أكثر منهن.

وأجمع المسلمون على أن محبتهن لا تكليف فيها، ولا يلزمه التسوية فيها، لأنه لا قدرة لأحد عليها إلا الله سبحانه وتعالى، وإنما يؤمر بالعدل في الأفعال، قال:- ولهذا كان يطاف به صلى الله عليه وسلم في مرضه عليهن حتى ضعف، فاستأذن في أن يمرض في بيت السيدة عائشة رضي الله عنها. فأذن له. وكانت زينب - رضي الله عنها – امرأة صالحة، صوامة ، قوامة، بارة، ويقال لها أم المساكين.

عن السيدة عائشة –رضي الله عنها- قالت: قال رسول الله صلى الله عليه وسلم لأزواجه ((أسرعكن لحوقاً بي، أطولكن يدا)).

قالت:- فكنا إذا اجتمعنا في بيت إحدانا بعد وفاة رسول الله صلى الله عليه وسلم نمد أيدينا في الجدار نتطاول، فلم نزل نفعل ذلك حتى توفيت زينب بنت جحش زوج النبي صلى الله عليه وسلم وكانت امرأة قصيرة، ولم تكن أطولنا. فعرفنا حينئذٍ، أن النبي صلى الله عليه وسلم إنما أراد بطول اليد الصدقة.

قالت:- وكانت زينب امرأة صناعة اليد. فكانت تدبغ، وتخرز، وتصدق في سبيل الله عز وجل.

ولما خرج العطاء أرسل عمر إلى زينب بنت جحش بالذي لها، فلما أدخل عليها قالت:- غفر الله لعمر، غيري من أخواتي كان أقوى على قسم هذا مني. واستترت منه بثوب وقالت صبوه واطرحوه عليه ثوباً. ثم قسمته في أهل رحمها وفي أهل الحاجة حتى أتت عليه.

ثم رفعت يدها إلى السماء فقالت:- اللهم لا يدركني عطاء لعمر بعد عامي هذا فماتت. فكانت أول أزواج النبي صلى الله عليه وسلم لحوقاً به.

عن السيدة عائشة – رضي الله عنها – قالت: يرحم الله زينب بنت جحش. لقد نالت في هذه الدنيا، الشرف الذي لا يبلغه شرف، ان الله زوجها نبيه صلى الله عليه وسلم في الدنيا، ونطق به القرآن. وان رسول الله رضي الله عنه قال لنا ونحن حوله:- ((أسرعكن

لحوقاً بي أطولكن باعاً)) فبشرها رسول الله صلى الله عليه وسلم بسرعة لحوقها به، وهي زوجته في الجنة. (٧٤)

وفاتها :

توفيت زينب بنت جحش -رضي الله عنها- سنة عشرين للهجرة، ودفنت بالبقيع. وقد أوصت – رضي الله عنها- أن تحمل على سرير رسول الله صلى الله عليه وسلم ويجعل عليه نعش، وقبل ذلك حُمل عليه أبو بكر الصديق. وكانت المرأة إذا ماتت حملت عليه حتى كان مروان بن الحكم فمنع أن يحمل عليه إلا الرجل الشريف. وفرق سُرراً في المدينة تحمل عليها الموتى.

وقد صلى عليها أمير المؤمنين – عمر بن الخطاب، والأكابر من أصحاب رسول الله صلى الله عليه وسلم. وكان عمر رضي الله عنه قد أمر بفسطاط (الخيمة) فضرب بالبقيع على قبرها لشدة الحر يومئذ فكان أول فسطاط ضرب على قبر بالبقيع.

زينب بنت حنظلة

أبوها الصحابي الطائي حنظلة بن قسامة، قدم على رسول الله صلى الله عليه وسلم مسلماً ومعه. أخته الجرباء بنت قسامة وابنته زينب بنت حنظلة.

تزوجت الجرباء بنت قسامة الصحابي طلحة بن عبيد الله التيمي. وتزوج زينب بنت حنظلة الصحابي الجليل، صاحب رسول الله صلى الله عليه وسلم أسامة بن زيد، ولم يقدر لزواجهما الاستمرار فطلقها، ولما اكتملت عدتها قال رسول الله صلى الله عليه وسلملأصحابه:- من له في الحسناء رأي وأنا صهره؟ يعرض عليهم الزواج من زينب فتزوجها نعيم بن عبد الله الملقب بالنحام. فغدا بالزواج منها صهر رسول الله صلى الله عليه وسلم بالهبة النبوية.

ويكفي برسول الله شاهداً، فهي لا شك حسناء بادية الحسن، حسن الخَلق والخُلق، ففاز بهذا الحسن كله رجل من علية الصحابة هو نعيم بن عبد الله الملقب بالنحام، وهو من أهل الجنة إن شاء الله، لأن رسول الله صلى الله عليه وسلمذكر ذلك في الحديث الشريف: "دخلت الجنة، فسمعت نحمه من نعيم فيها". ومن هنا لقب بالنحام.

وأنجبت الحسناء لنعيم ابنه إبراهيم بن نعيم.

عن يحي بن عروة بن الزبير بن العوام قال:- لما بلغنا عدة من ولد عروة بن الزبير، سألناه عن ذلك (يريد الزواج) فقال:- ليكتب كل رجل منكم من يريد، فكتب ابنه إبراهيم بن نعيم، فقال لي:- من دلل على هذه ؟ قلت:- انت دللتني. بما كنت أسمعك تذكر من بيوتات قريش، فتزوجها، فولدت له الحكم بن يحيى بن عروة.

لقد كانت الحسناء من طيء وهي من قبائل العرب المذكورة بالشجاعة والكرم، فتزوجت من إحدى قبائل قريش،وهي ذروة قبائل العرب، فأنجبت ولدها ابراهيم الذي تسابق للإصهار إليه .....الزبير بن العوام وهم من الحسب والنسب بمكان.

زينب بنت خزيمة الهلالية

(رضي الـلـه عنها)

هي زينب بنت خزيمة بن عبد اللـه بن عمر بن عبد مناف بن هلال بن عامر بن صعصعة الهلالية أم المؤمنين، زوج النبي صلى اللـه عليه وسلم، أما أمها فهي:- هند بنت عوف بن الحارث بن حماطة، الحميرية.

وكانت تحت عبد اللـه بن جحش رضي اللـه عنه فقتل عنها يوم أحد شهيداً. وقيل كانت عند الطفيل بن الحارث بن المطلب بن عبد مناف، ثم خلف أخوه عبيده بن الحارث.(٧٥).

وعبد اللـه بن جحش رضي اللـه عنه أحد السابقين إلى الإسلام هاجر إلى الحبشة وشهد بدراً وأُحداً.

ويروى عن طريق إسحاق بن سعد بن أبي وقاص، قال:- حدثني أبي، أن عبد اللـه بن جحش قال له يوم أحد:- ألا تأتي فندعو، قال:- فخلونا في ناحية، فدعا سعد فقال:- يا رب إذا التقينا القوم غداً فلقني رجلاً شديداً حرده، أقاتله فيك، ثم ارزقني الظفر عليه حتى اقتله وآخذ سلبه. قال:- فأمن عبد اللـه بن جحش رضي اللـه عنه وقال : اللهم ارزقني رجلاً شديداً طرده أقاتله فيك، حتى يأخذني فيجدع (يقطع) أنفي وأذني، فإذا لقيتك، قلت:- هذا فيك وفي رسولك. فتقول. صدقت.

قال سعد:- فكانت دعوة عبد اللـه بن جحش خيراً من دعوتي، فلقد رأيته آخر النهار، وان أنفه وأذنيه لمعلق في خَيْط خِيط.

وكان يقال له:- المجدع في اللـه. وكان سيفه انقطع يوم أحد فأعطاه النبي صلى اللـه عليه وسلم عرجوناً. فصار في يده سيفاً. فكان يسمى العرجون.

وكان قاتله – أبو الحكم بن الأخنس بن شريف ودفن هو وحمزة – عم النبي صلى اللـه عليه وسلم . في قبر واحد، وكان له يوم استشهاده – نيف وأربعون سنة. (٧٦).

زواجها من رسول الله صلى الله عليه وسلم :

تزوجها رسول الله صلى الله عليه وسلم سنة ثلاث، ولم تلبث عنده إلا يسيراً.

وقد أجمع المؤرخون، وكتاب السيرة، على أن زينب بنت خزيمة – رضي الله عنها – معروفة بالكرم، والعطف على الفقراء والمساكين، فقد لقبت بأم المساكين، لرحمتها إياهم، ورقتها عليها.

وقيل بأنها لقبت بذلك، لأنها كانت تطعم المساكين. وتتصدق عليهم. وكانت تسمى بذلك في الجاهلية.

ويبدو أن قصر مقامها في بيت النبي صلى الله عليه وسلم قد صرف عنها كتاب السيرة، ومؤرخي عصر النبوة. فلم يصل إلينا من أخبارها سوى شذرات متناثرة. يكثر حولها الاختلاف.

وفاتها:

توفيت –رضي الله عنها- في آخر شهر ربيع الآخر،على رأس تسعة وثلاثين شهراً من الهجرة.

ولم يمت من أزواجه صلى الله عليه وسلم في حياته. بالإجماع غيرها،وغير السيدة خديجة –رضي الله عنهما- وفي (ريحانة بنت زيد) رضي الله عنها. خلاف.

وصلى عليها الرسول صلى الله عليه وسلم ودفنها بالبقيع، وكانت قد بلغت ثلاثين سنة أو نحوها.

سعاد بنت سلمة

هي سعاد بنت سلمة بن زهير الأنصارية، أمها أم قيس بنت حرام بن لوذان من الخزرج.

بدأ الإسلام بدخول بيوت الأنصار بشكل واسع بعد بيعه العقبة، وبعد وصول مصعب بن عمير مبعوثاً من رسول الله صلى الله عليه وسلم لينظم الدعوة هناك، وقد شغف الأنصار بهذا الدين العظيم، وكانوا يترقبون قدوم رسول الله صلى الله عليه وسلم إليهم مهاجراً مع أصحابه، وهم يمنون أنفسهم بأن يحظون بشرف نزول خاتم الأنبياء بين أظهرهم، وبشرف حمل رايات الجهاد في سبيل دين الله القويم.

ودأب الأنصار، رجالهم ونساؤهم وأطفالهم، بالخروج إلى ظاهر المدينة. يترقبون وصول رسول الله، ولم يطل بهم الانتظار إذ سرعان ما وصل الرسول مع صاحبه، فتعالت أصوات الرجال والنساء مرحبة بالقادم العظيم، وهتف أطفال الأنصار مغردين بالأنشودة الخالدة:-

طلع البدر علينا   من ثنيات الوداع

وجب الشكر علينا   ما دعا لله داع

ولا شك أن سعاد بنت سلمة مع هذا الركب المبارك الذي رافق رسول الله في ثنيات الوادع، داخلاً إلى دار الهجرة، نازلاً في قباء، ثم عاملاً على بناء أول مساجد الإسلام فيها.. وكانت خطوات الرسول في كل عمل من أعماله في المدينة محل اهتمام الرجال والنساء.وكانت سعاد تتابع كل هذا بحب وحماس، تود لو تتاح لها الفرصة لكي تشارك في كل عمل يؤدي إلى بناء دولة الإسلام ومجدها العظيم.

وعندما تداعى نساء الأنصار إلى بيعة الرسول، كانت سعاد من أوائل من بايع. وكان لهذه البيعة في نفسها أعمق الأثر، وكان لها في سلوكها وتفكيرها وتطورات حياتها أبلغ التأثير وأعظمه.

وتزوجت سعاد من جبير بن صخر.. وحملت بأول مولود لها.. وكانت تستعجل الأيام لتلد مولودها وتسرع به إلى رسول الله ليبايعه، فيكون أول مولود يبايع على الإسلام، فينال هذا الشرف الرفيع.

ولم تصبر سعاد حتى تلد، فأسرعت إلى رسول الله صلى الله عليه وسلم وقالت له:- يا رسول الله، لقد من الله علي بحمل هذا الجنين، وأنا أريد أن تبايعه على الإسلام.

وأعجب رسول الله صلى الله عليه وسلم بهذا الموقف من سعاد بنت سلمة، وأكبر فيها هذا الحرص على الإسلام، وعرف لها هذا الإيمان الذي ملأ لها كل جوانحها، فالتفت إليها وقال لها:- أنت حرة الحرائر... و الله أنتن يا بنات الإسلام، ما أعظم أنفسكن عندما تتخذن من سعاد قدوة، فترددن في أنفسكن البيعة لله ورسوله.. وتحرصن على تربية أولادكن على الإسلام العظيم، كأنكن تبايعن عن الأجنة التي في بطونكن .. لله ولرسوله ولهذا الدين القويم..

سفَّانة

هي بنت حاتم الطائي، المضروب به المثل في الكرم، أسلمت وحكت عن النبي صلى الله عليه وسلم.

أصابت خيل رسول الله صلى الله عليه وسلم ابنة حاتم في سبايا طيء، فجيء بها إلى الرسول – عليه السلام – وجعلت في حظيرة بباب المسجد - فمر بها - صلى الله عليه وسلم فقامت إليه، وكانت امرأة جزلة:- فقالت :- يا رسول الله:- هلك الوالد، وغاب الوافد، فقال:- ومن وافدك؟ قالت : عدي بن حاتم، قال:- الفارّ من الله ورسوله؟! قالت: ومضى، حتى مر ثلاثة أيام. فأشار إلي رجل من خلفه أن قومي فكلميه. فأعادت قولها السابق، يا رسول الله (هلك الوالد، وغاب الوافد). فامننِ عليَ منّ الله عليك – قال- عليه السلام- قد فعلت – فلا تعجلي حتى تجدي ثقة يبلغك بلادك. ثم آذنيني.

قالت:- فسألت عن الرجل الذي أشار إلي فقيل:- علي بن أبي طالب، وهو الذي سباكم، أما تعرفينه؟ فقلت:- لا و الله، ما زلت أثني طرف ثوبي على وجهي، وطرف ردائي على برقعي، من يوم أسرت حتى دخلت هذه الدار، ما رأيت وجهه ولا وجه أحد من أصحابه. قالت:- وأقمت حتى قدم نفر من قبيلتي، وأنا أريد الشام، فجئت رسول الله صلى الله عليه وسلم، فقلت:- يا رسول الله، قدم رجال من قومي، لي فيهم ثقة وبلاغ، قالت:- فكساني رسول الله صلى الله عليه وسلم وحملني وأعطاني نفقة، فخرجت معهم حتى قدمت الشام.

قال عدي بن حاتم:- وإني لقاعد في أهلي إذ نظرت إلى ظعينة تؤمنا، فإذا هي سفانة، فسألتها:- ما ترين في هذا الرجل (يعني النبي صلى الله عليه وسلم؟ فقالت:- أرى أن تلحق به سريعاً (وكانت هي قد أسلمت وحسن إسلامها). فإن يكن الرجل نبياً فليسابق إلى فضله، وان يكن ملكاً فلن تذل أبداً. قال:- و الله ان هذا هو الرأي، قال:- فخرجت إلى المدينة، فدخلت على رسول الله صلى الله عليه وسلم وهو في مسجده، فسلمت عليه فقال، من الرجل؟ قلت: عدي بن حاتم، فرحب بي وقربني، ودخل الإسلام

في قلبي، وأحببت رسول الـلـه صلى الـلـه عليه وسلم حباً شديداً، وما رجل من العرب كان أشد كراهية لرسول الـلـه حين سمع به مني.

وكانت سرية من المسلمين بقيادة علي بن أبي طالب، رضي الـلـه عنـه قـد أغـارت عـلى بـلاد طـيء، وكانوا خمسين ومئة رجل، على مئة بعير وخمسين فرساً، فشنوا الغارة مع الفجر، عـلى محلـة ال حـاتم، فسبوا حتى ملؤوا أيديهم من السبي والنعيم والشاء. وهدم علي بن أبي طالب رضي الـلـه عنه الغلس (٧٧) وخرّبه. ثم انصرفا راجعين إلى المدينة – وكان في السبي سفانة- وكـان عـدي بـن حـاتم قـد هـرب حين سمع بحركة علي، فخرج إلى الشام، وبقي هناك حتى أقنعتـه أختـه بالإسـلام، فـانطلق إلى المدينـة، وأعلن إسلامه بين يدي الرسول الكريم:- صلى الـلـه عليه وسلم.

قال عدي:- أقبل عليّ النبي صلى الـلـه عليه وسلم فقال:- هيه يا عدي بن حاتم، أقـررت أن توحـد الـلـه؟ وهل من أحد غير الـلـه ؟! هيه يا عدي بن حاتم، أقررت أن تكبر الـلـه ؟ ومن أكبر من الـلـه ؟! هيه يا عدي بن حاتم، أقررت أن تعظم الـلـه؟ ومن أعظم من الـلـه؟ هيه يا عدي بن حاتم، أقررت أن تشهد لا إله إلا الـلـه؟ وهل من إله غير الـلـه؟ هيه يا عدي بن حاتم، أقررت أن تشهد أن محمد رسول الـلـه؟! قال عدي:- فجعل رسول الـلـه صلى الـلـه عليه وسلم يقول نحو هذا، وأنا أبكي، ثم أسلمت.

سلمى بنت عميس

عميس هو ابن معد بن تميم بن الحارث بن كعب بن مالك، من خثعم، وأمها هند، وهي خولة بنت عوف بن زهير بن الحارث بن حماطة، من جرش.

أسلمت قديماً مع أختها أسماء، وتزوجها حمزة بن عبد المطلب بن هاشم، عـم النبي صلـى اللـه عليه وسلم فولدت له ابنته عُمارة (أمامة)، وهي التي كانت بمكة، فأخرجها علي ابن أبي طالـب. في عمرة القضاء، فاختصم فيها علي وزيد بن حارثة، وجعفر بن أبي طالب. وأراد كـل واحـد أخذها إليـه، فقضى بها رسول اللـه صلى اللـه عليه وسلم لجعفر بن أبي طالب.

لم يكن حمزة قد أسلم عندما تزوجته سلمى، ولذا فإن قلبها كان مغلفاً بشيء مـن الأسى، وكانت تتمنى أن يهدي اللـه زوجها إلى الإسلام. ثم كان الحدث الذي هز قلب سلمى بل هز قلوب المسلمين جميعاً!

فقد مرّ عدو اللـه أبو جهل بحبيب اللـه المصطفى صلى اللـه عليه وسلم فأذاه وشتمه، ونال منه بعض ما يكره، فلم يكلمه رسول اللـه صلى اللـه عليه وسلم. وكان مولاه عبد اللـه بن جدعان، يسمع ذلك، ثم انصرف عنه إلى نادي قريش عند الكعبة، فجلس معهم.

فلم يلبث حمزة بن عبد المطلب أن أقبل متوشحاً قوسه راجعاً مـن قنص لـه،وكان صاحب قنص يرميه ويخرج له، وكان إذا رجع من قنصه، لم يصل إلى أهله حتى يطوف الكعبة. وكان إذا فعل ذلك، لم يمر على ناد من قريش إلا وقف وسلم، وتحدث معهم. وكان أعز فتى في قريش.

فلما مرّ بمولاه ابن جدعان، وقد رجع رسول اللـه صلى اللـه عليه وسلم إلى بيته، قال:-

يا أبا عمارة لو رأيت ما لقي ابن أخيك محمد آنفا من أبي الحكـم بـن هشـام (أبـو جهل). وجده ههنا جالساً. فأذاه وشتمه وبلغه منه ما يكره، ثم انصرف عنه، ولم يكلمه محمد. فاتجه حمـزة ناحيـة أبي جهل. يدفعه إليه بركان من الغضب في صدره، فلما بلغ النادي، أقبل نحوه، حتى إذا قام على رأسه، رفع القوس، فضربه بها فشجه، شجة منكرة، ثم قال:-

أتشتمه، وأنا على دينه، أقول ما يقول؟ فردّ علي أن استطعت. فقام رجال من بني مخزوم، لينصروا أبا جهل. فقال لهم:-

دعوا أبا عمارة، فإني و الله قد سببت ابن أخيه سباً قبيحاً. وعندما وصل حمزة إلى بيته، قص على زوجته سلمى قصته، وتمنت في قرارة نفسها أن يشرح الله صدر زوجها إلى الإسلام، فاستجاب الله دعاءها، وعز أنصار الله بإسلامه.

وهاجرت سلمى وحمزة إلى يثرب ، مع المسلمين، وبعد أشهر قليلة وصل إليها رسول الله صلى الله عليه وسلم . فبادر ببناء المسجد النبوي الشريف الذي كان بمثابة دار الحكم والقيادة وكان حمزة رضي الله عنه تواقاً للقاء المشركين. لينتقم منهم، لأنهم آذوا رسول الله صلى الله عليه وسلم وصحبه.

وحانت الفرصة المناسبة، والتقى أحباب الله، وأعداء الله في معركة بدر، ونصر الله جنده، وهزم المشركين هزيمة ساحقة، وقتل أبو جهل، وطغاة قريش، وكان حمزة من الأبطال الذين يشار إليهم بالبنان في تلك المعركة، وكان معلماً بريشة نعامة في صدره، بجوار علي بن أبي طالب رضي الله عنهما.

لقد روى حمزة الأرض بدماء المشركين، قتل شبيه بن ربيعة، وشارك في قتل عبيدة بن الحارث، وقتل صناديد مكة، وتناقلت المدينة كلها كلمة أمية بن خلف، وهو يسأل عبد الرحمن بن عوف.

من هذا الرجل منكم المعلم بريشة نعامة في صدره؟

قال ابن عوف:- ذلك حمزة بن عبد المطلب.

قال أمية:- ذلك الذي فعل بنا الأفاعيل.

نعم، ذلك البطل القوي، هو حمزة بن عبد المطلب، أسد الله، وأسد رسوله، ثم كانت غزوة أحد. وخاض حمزة المعركة مع جيش المسلمين، ببسالة شديدة. لكن نفوس المشركين كانت تسخط على حمزة، فقد وترهم بقتل زعمائهم . وكانت (هند بنت عتبة) أشد المتحمسين للإيقاع به، والانتقام منه، فقد قتل أبوها،

وأخوها، وعمها وابنها حنظلة يوم بدر. وكان أسد الله وأسد رسوله هو الذي قتل أغلبهم.

وتمكن المشركون من الإيقاع بحمزة فقتلوه اغتيالاً، قتله (وحشي بن حرب الحبشي) الذي كان عبداً رقيقاً لجبير بن مطعم. أحد سادة قريش، قالت له سيدته: ان قتلت حمزة بن عبد المطلب بعمي طعيمة بن عدي، فأنت عتيق.

وكانت هند بنت عتبة، زوج أبي سفيان بن حرب. تشجعه على الانتقام من حمزة، فتقول له:- اشفِ واستشفِ.

ولم يكن حمزة يخفى على أحد، لأنه كان يضع ريشة نعامة بصدره، ليدل الأقران عليه. ولما شغل حمزة بمبارزة أحد المشركين، كان (وحشيـ) قد اختبأ في مكان تطمئن إليه، ثم دفع بحربته نحوه. فوقعت في أسفل بطنه. فخر شهيداً.

لقد حزن عليه رسول الله صلى الله عليه وسلم، وقال ينظر إليه معفراً بالتراب:-
لن أصاب بمثلك أبداً.

أما سلمى فقد كانت المفجوعة الولهى، لكنها صبرت، واحتسبت الأجر عند الله عز وجل. ولما انقضت عدتها، تقدم لها شداد بن الهاد الليثي، يخطبها، وتم الزواج، وولدت له:- عبد الله بن شداد، فهو أخو ابنة حمزة لأمها، وهو ابن خالة ولد العباس بن عبد المطلب. لأم الفضل بنت الحارث، وهو ابن خالة خالد بن الوليد بن المغيرة المخزومي.

وجاءت عمرة القضاء، فحملت لسلمى بشارتين، فقد حضرت من مكة أختها ميمونة بنت الحارث، وابنتها عُمارة بنت حمزة. ولم يكن قد مر على وصول أسماء أختها من أرض الحبشة إلا أشهر قليلة. والتأم الشمل وحلقت السعادة بجناحيها فوق الأخوات والأمهات.

ܚܣܝܐ ܪܒܐ ܕܚܣܝܐ

هي سلمى بنت قيس بن عمرو، من بني النجار، وهي أخت سليط بن قيس الذي شهد بدراً، وقتـل في معركة جسر أبي عبيدة شهيداً. أمها رغيبة بنت زرارة بن عدس التجارية. تزوجها قيس بـن صعصـعة بن وهب التجاري، فولدت له المنذر، وقد أسلمت أم المنذر، وبايعت رسول اللـه صـلى اللـه عليـه وسلم وروت عنه. وصلت معه إلى القبلتين.

قالت أم المنذر:- بايعت النبي صلى اللـه عليه وسلم فيمن بايعه من النساء (على ألا يشركن باللـه شيئاً).. الحديث، وفيه:- ولا نخشى أزواجنا، فبايعناه، فلما انصرفنا. قلت لامرأة ممـن معـي: ارجعي فاسأليه، ما يخشى أزواجنا؟ فسألته فقال:-

"تأخذ ماله فتحابي به غيره".

وأم المنذر هي إحدى خالات النبي صلى اللـه عليه وسلم جهة أبيه. يعني جده عبد المطلب، فإن أباه عبد اللـه أمه مخزومية، وأما جده عبد المطلب فأمه من بني عدي بن النجار، لأن أمه سلمى بنت عمرو بن زيد الخزرجية من بني عدي.

وأهل الرجل من قبل النساء، له ولآبائه وأجداده كلهن خالات.

قالت أم المنذر:- دخل علي رسول اللـه صلى اللـه عليه وسلم ومعه علي، وعلي ناقة مـن مـرض، ولنا دوال معلقة. فجعل رسول اللـه صلى اللـه عليه وسلم يأكل منها. وأكل معه علي، فقال له رسول اللـه صلى اللـه عليه وسلم:"مهلاً فإنك ناقة". فجلس علي، وأكل رسول اللـه صلى اللـه عليه وسلم منها، وقالت:- وصنعت سلقاً وشعيراً. فلما جئت بـه إلى رسول اللـه صـلى اللـه عليه وسلم قالت لعلي:- "من هذا فأصب فإنه أوفق لك".

سمية بنت خباط

سمية بنت خباط مولاة أبي حذيفة بن عبد الله المخزومي، وتزوجها ياسر مولى أبي حذيفة فولدت له عماراً.

وعندما نزل الوحي برسالة الإسلام، كانت هذه الأسرة المباركة من أوائل من اهتدى. فأسلم ياسر وأسلمت سمية وأسلم عمار.

كانت سمية من أوائل النساء إسلاماً بل روي أنها كانت سابع سبعة دخلوا دين الهدى.

وقاومت قريش دعوة الإسلام بجاهلية، فاعتدت على من أسلم من رجالها ونسائها فعذبتهم، ونال العذاب من الموالي أكثر مما نال من الأحرار والحرائر. وكان بنو مخزوم من أشد القبائل عداءً للإسلام، فصبوا جام غضبهم على من أسلم من مواليهم، ونزلوا على آل ياسر بالعذاب الأليم.

كان تعذيب آل ياسر عند بني مخزوم واجباً يومياً، فقد ألقوا بهم في الصحراء دون غذاء ولا ماء، وانهالوا عليه بالسياط، وقد تولى تعذيب آل ياسر فرعون هذه الأمة، أبو جهل بن هشام المخزومي، وقد كان رسول الله صلى الله عليه وسلم يمر بهم وهم يعذبون، فيشد من أزرهم ويصبرهم، ويقول لهم:- صبراً آل ياسر، فإن موعدكم الجنة.

وتنزل هذه الكلمات على آل ياسر نزول الماء من السماء، فيربط الله على قلوبهم، فيتحملون العذاب ويقاومون الظمأ، فيزيد ذلك آل مخزوم حنقاً، فيزيدون من تعذيبهم.

ويبلغ الغضب والحنق من أبي جهل مداه، فينهال على سمية ضرباً وركلاً، ويدعوها لتكفر بالله، وبما جاء به محمد، فتأبى وتلوذ بالصمت. وكان هذا الصمت بمثابة الرد الذي يملأ قلب ابي جهل بالغضب الأعمى، فيتناول حربته وينهال على جسم سمية طعناً ولا يردعه سنها، ولا تردعه أنوثتها. فيضربها

على موضع العفة منها – فتموت شهيدة، وتصعد روحها إلى بارئها تشكو ما وصل إليه أهل الكفر من خسة، وما وصل إليه أبو جهل من فحش.

وتسجل أم عمار الشهادة الأولى في الإسلام، فيعرفها كل من قرأ في السيرة أو كل من كتب فيها بالشهيدة الأولى.

ويصمد الرعيل الأول من المسلمين لصدمة الجاهلية، ويشتعلون بإيمانهم أمام جبروت الكفر، فينتصر الإسلام في قلوبهم، فيهاجرون إلى المدينة، ومنها ينطلقون لحرب الكفر، فيلتقي الجمعان في بدر ، فينتصر المسلمون ، ويقتل الله أبا جهل، فيلتفت رسول الله صلى الله عليه وسلم إلى عمار ويقول له:- لقد قتل الله قاتل أمك.

رحم الله سمية أم عمار الشهيدة الأولى في الإسلام.

سودة بنت زمعة

(رضي الله عنها)

هي سودة بنت زمعة بن قيس بن عبد شمس القرشية العامرية. أمها الشموس بنت قيس بـن زيد الأنصارية من بني عدي بن النجار. أم المؤمنين رضي اللـه عنه وأرضاها.(٧٨).

تزوجها السكران بن عمرو بن عبد شمس بن عبدودّ بن نصر بن مالك بن حِسل بن عامر بن لـؤي، وأسلمت بمكة قديماً. وبايعت، وأسلم زوجهـا السكران ابـن عمرو، وخرجـا جميعـاً مهـاجرين إلى أرض الحبشة في الهجرة الثانية.(٧٩).

ويروى أنه عندما كانت سودة بنت زمعه عند السكران بن عمـرو. رأت في المنـام كأن النبي صلى اللـه عليه وسلم أقبل يمشي حتى وطئ على عنقها، فأخبرت زوجها بذلك فقال:-

وأبيك، لئن صدقت رؤياك لأموتن، وليتزوجك رسول اللـه صلى اللـه عليه وسلم قالت:- حجراً وستراً. ثم رأت في المنام ليلة أخرى، أن قمراً انقض عليها من السـماء وهـي مضطجعة، فأخبرت زوجها فقال:-

وأبيك لئن صدقت رؤياك، لم ألبث إلا يسيراً حتى أموت وتتزوجين من بعدي. فاشتكى السـكران مـن يومه ذلك، فلم يلبث إلا قليلاً حتى مات، وتزوجها رسول اللـه صلى اللـه عليه وسلم(٨٠).

زواجها من رسول اللـه صلى اللـه عليه وسلم :

لما قدم السكران بن عمرو مكة من ارض الحبشة ومعه، امرأته سودة بنت زمعة، فتوفي عنها بمكـة، فلما حلت أرسل إليها رسول اللـه صلى اللـه عليه وسلم فخطبها فقالت:- أمري إليك يا رسول اللـه.

فقال رسول اللـه صلى اللـه عليه وسلم:- ((مري رجلاً مـن قومك يزوجك)) فأمرت حاطب بـن عمرو بن عبد شمس بن عبدود، فزوجها، فكانت أول امرأة تزوجها رسول اللـه صلى اللـه عليه وسلم بعد خديجة. (٨١)

ولما هاجر الرسول صلى اللـه عليه وسلم إلى المدينة وبعد وصوله (عليه السلام) إلى دار أبي أيوب الأنصاري رضي اللـه عنه بالمدينة المنورة. وبعث رسول اللـه صلى اللـه عليه وسلم من منزل أبي أيوب. زيد بن حارثة وأبا رافع رضي اللـه عنهم- وأعطاهما بعيرين وخمسائة درهم إلى مكة. فقدما عليه بفاطمة، وأم كلثوم، ابنتي رسول اللـه صلى اللـه عليه وسلم وسودة بنت زمعة زوجته وأسامة بن زيد، وكانت رقية بنت رسول اللـه • قد هاجر بها زوجها عثمان بن عفان قبل ذلك . وحمل زيد بن حارثة امرأته أم أيمن مع ابنها أسامة بن زيد. وخرج عبد اللـه بن أبي بكر معهم بعيال أبي بكر، فيهم عائشة فقدموا المدينة فأنزلهم في بيت حارثة ابن النعمان.(٨٢).

وتزوج الرسول صلى اللـه عليه وسلم عائشة بنت أبي بكر الصديق- بعد مرور شهر واحد من زواجه بسودة، وكان ذلك في المدينة.

ولما بنى رسول اللـه صلى اللـه عليه وسلم المسجد بالمدينة المنورة، بنى بيوتاً إلى جنبه باللين وسقفها بجذوع النخل والجريد، فلما فرغ من البناء، جعل عائشة في البيت الذي بابه شارع إلى المسجد، وجعل سوده بنت زمعة رضي اللـه عنها- في البيت الآخر الذي يليه إلى الباب الذي يلي آل عثمان.

وأصبح للرسول صلى اللـه عليه وسلم عنده زوجتين، احداهما كبيرة السن، ثيب، والأخرى صغيرة السن، بكر، جميلة ولا يرتاب أحد في عدل الرسول صلى اللـه عليه وسلم بين أزواجه، ولكن العدل المقصود هو في توزيع الليالي بينهن. وفي الإنفاق عليهن، وفي الحكم بينهن، لو حدث خلاف، أما الحب فهو ميل إنساني إلى إحداهن أكثر من الأخرى، وذلك أمر فطري، لا يحاسب عليه الإنسان.

وكانت سودة قد أسنت عند رسول اللـه صلى اللـه عليه وسلم فهم بطلاقها، فقالت:- لا تطلقني، وانت في حل من شأني, فإني أريد أن أحشر بأزواجك. وإني قد (وهبت يومي لعائشة). وإني ما أريد ما تريد النساء، فأمسكها صلى اللـه عليه وسلم حتى توفي عنها.

فليت من يجمع في بيته أكثر من زوجة، يقتدي برسولنا الكريم صلى الله عليه وسلم في الاستماع إلى الزوجة عندما يقرعن رأيها، أو تبوح عما في نفسها.

وليت الضرائر يقتدين بأمهات المؤمنين رضي الله عنهن أليست السيدة ، سودة قدوة في أخلاقها وتصرفاتها لكثير من الضرائر المسنات اللاتي يعكرن صفو الحياة الأسرية؟

لقد بقيت سودة بنت زمعة في بيت الرسول صلى الله عليه وسلم حتى لحق بالرفيق الأعلى.

وفاتهـا:

توفيت سودة بنت زمعة -رضي الله عنها- بالمدينة في شوال سنة أربع وخمسين في خلافة معاويـة بن أبي سفيان- وقيل توفيت - رضي الله عنها- في آخر عهد عمر بن الخطاب.

ولقد ظلت السيدة عائشة -رضي الله عنها- تذكر لها صنيعها وتؤثرها بجميل الوفاء، فتقول:-

((ما من امرأة أحب إلي من أن أكون في مسلاخها من سودة بنت زمعة، لما كبرت قالت:- يـا رسـول الله، قد جعلت يومي منك لعائشة)) الحديث. (٨٣).

الشفاء بنت عبد الله العدوية

اسمها ليلى بنت عبد اللـه من بني عدي رهط عمر بن الخطاب، امرأة قرشية فاضلة، ذات مكانـه في مكة قبل الإسلام، إذ كانت ترقي المرضى، لذلك لقبت بالشفاء، وقد غلب عليها اللقب، فلم تعـد تعـرف إلا به.

ولأنها امرأة عاقلة فقد استجابت لدعوة الإسلام في أيامها الأولى، وبايعت رسول اللـه صلى اللـه عليه وسلموهاجرت إلى المدينة مع من هاجر من نساء المسلمين.

وكانت الشفاء من القلة من نساء قريش ممن أجدن الكتابة، فكانت امرأة كاتبـة، ولعل علمها في الرقى دفعها لتعلم الكتابة حتى تكتب بها الرقية التي تريد.

وفي المدينة كان للشفاء مقام مميز، فقد قربها الرسول حتى كان يزورهـا في بيتهـا، وكثيراً مـا كانت تزور أمهات المسلمين لتلتقي برسول اللـه صلى اللـه عليه وسلم فتسأله عن أمور دينها. وما يصلح لها وما يكره، وقد سألته عن الرّقى التي كانت ترقي بها في الجاهلية، وعرضتها عليه، فأقرهـا لهـا، وقد أعجبه منها رقية النملة، وهي ما ترقى به من يصاب بلدغة النملة السامة، وقال لهـا:"علمي حفصة رقية النملة كما علمتها الكتابة".

فقد كانت الشفاء معلمه أم المؤمنين حفصة بنت عمر الكتابة، وقد كان رسول اللـه صلى اللـه عليه وسلم حريصاً على نشر الكتابة بين المسلمين. رجالهم ونسائهم، ولقد كانت الشفاء معلمه للكتابة في المدينة، وكانت حفصة أم المؤمنين وبنت عمر بن الخطاب على رأس من تعلمن الكتابة على يديها.

تزوجت الشفاء من أبي حثمة بن حذيفـة العدوي، فولدت لـه سـليمان بـن أبي حثمـة، الصحابي المشهور، وتزوجت بعد أبي حذيفة من أخيه مرزوق بن حذيفـة العـدوي، فولـدت لـه أبـا حكيم بـن مرزوق.

وللشفاء ابنة تزوجت من الصحابي الجليل شرحبيل بن حسنة، أحد قادة الفتح الإسلامي العظام.

وكما كانت الشفاء محل تقدير رسول اللـه صلى اللـه عليه وسلم فقد كانت محل تقدير عمر بـن الخطاب في خلافته، فقد كان يرعاها ويفضلها، ويقدمها في الرأي.

روت الشفاء أن رسول اللـه صلى اللـه عليه وسلم سئل عـن أفضل الأعمال فقـال:"إيمـان بـالله، وجهاد في سبيله، وحج مبرور".

هذه هي الشفاء بنت عبد اللـه. الصحابية الفاضلة، المبايعـة المهـاجرة، ذات المكانـة والـرأي عنـد رسول اللـه صلى اللـه عليه وسلم وعند خليفته عمر بن الخطاب، رضي اللـه عنها وأرضاها.

الشفاء بنت عوف الزهرية

الشفاء بنت عوف من بني زهرة أخوال رسول الله صلى الله عليه وسلم إذ كانت أم رسول الله آمنة بنت وهب من بني زهرة.

ولبني زهرة في الإسلام محطات معروفة. فكما قدمنا كانت أم رسول الله صلى الله عليه وسلم، من بني زهرة، ولم يحضر مع المشركين أحد من بني زهرة في معركة بدر، ولهم اثنان من العشرة المبشرين بالجنة، سعد بن أبي وقاص وعبد الرحمن بن عوف، وكان رسول الله • يفاخر بأخواله، وكان يشير إلى سعد بن أبي وقاص ويقول: هذا خالي، فليرني أمرؤ خاله.

تزوجت الشفاء من عوف بن عبد عوف الزهري، فولدت له:- عبد الرحمن بن عوف، والأسود بن عوف، أسلم قبل الفتح وهاجر إلى المدينة، وعاتكة بنت عوف، أسلمت هي الأخرى وبايعت وهاجرت، وكانت الشفاء من المسلمات المبايعات، وقد أكرمها الله بأبنائها، فكانوا من المسلمين المبايعين المهاجرين. بل كان ابنها عبد الرحمن أحد العشرة الذين بشرهم رسول الله صلى الله عليه وسلم بالجنة.

وعاشت الشفاء بنت عوف الزهرية بعد الهجرة إلى مدينة الرسول ، مع أولادها المسلمين المبايعين، وقضت أيامها الأولى وهي تشهد صعود الإسلام وأفول الشرك، فيسرها ذلك ويبهجها، ومما كان يزيد في سرورها أن أبناءها ممن كان يشارك في هذا الصعود ويضحكون في سبيله.

ويدرك الموت الشفاء في حياة رسول الله صلى الله عليه وسلم فيودعها المسلمون كما يكون التوديع لواحدة من كبريات الصحابيات، والمقدمات فيهن، ويحزن عبد الرحمن ابن عوف بفراق أمه، ويود لو يقدم لها شيئاً ينفعها في آخرتها، فيتقدم من رسول الله صلى الله عليه وسلم ويقول له:- يا رسول الله – أعتق عن أمي؟ فيقول له رسولنا الكريم:- نعم ويسر- ذلك عبد الرحمن، فينطلق إلى السوق فيشتري عبداً ثم يعتقه عن أمه، رجاء أن يصيبها أجر هذه العتاقة.

وتسجل الشفاء بعد موتها سنة من سنن الإسلام:- جواز العتـق عـن الميـت، وتسـجل كتـب الفقـه الإسلامي سنة العتاقة عن الميت باسم هـذه السيدة الجليلـة، ويصبـح لقبهـا عنـد المحدثين وأصحاب التاريخ والسير:- العتقاء.

رحم اللـه الصحابية الزهرية المسلمة المبايعة المهاجرة العتقاء- الشفاء بنت عوف الزهرية، ورحـم اللـه معها أولادها المسلمين المبايعين المهاجرين، رجالاً ونسـاء ورحـم اللـه معهـا ومعهـم كـل مسـلم مبايع في قلبه، مهاجر إلى اللـه في نفسه، مجاهد في سبيله بولده وماله.

الشيماء

هي بنت الحارث بن عبد العزى بن رفاعة، وهي أخت النبي صلى الـلـه عليـه وسـلم مـن الرضـاعة. اسمها حذافة (أما الشيماء فهو لقبها. وقد غلب عليها).

وكانت الشيماء تحضن رسول الـلـه صلى الـلـه عليه وسلم مع أمها. ولما ذهبت لزيـارة النبـي صـلى الـلـه عليه وسلم قالت له:- يا رسول الـلـه، أنا أختك من الرضاعة.

قال:- وما علامة ذلك؟

قالت:- عضة عضضتها في ظهري، وأنا متوركتك.

فعرف رسول الـلـه صلى الـلـه عليه وسلم العلامة، فبسط لها رداءه، ثم قال لهـا:"ههنـا". فأجلسـها عليه، وخيرها، فقال:- "إن أحببت فأقيمي عنـدي محببـة مكرمـة، وإن أحببـت أن أمتعـك فـارجعي إلى قومك".

فقالت: بل تمتعني وتردني إلى قومي. فمتعها وردها إلى قومها. فزعم بنو سعد بن بكر أنـه أعطاهـا غلاماً يقال له مكحول، وجارية، فزوجت أحدهما الآخر، فلم يـزل فـيهم مـن نسـلهم بقيـة، وروي أنهـا أسلمت، وأعطاها رسول الـلـه صلى الـلـه عليه وسلم نعماً وشاء وثلاثة أعبد وجاريـة، وورد أن الشـيماء قالت وهي ترقص النبي صلى الـلـه عليه وسلم وهو صغير:-

يا رب أبق لنا محمدا	حتى أراه يافعاً وأمردا
ثم أراه سيداً مسوداً	وأكبت أعاديه معاً والحسدا

وأعطه عزاً يدوم أبداً

وقد أجاب الـلـه دعاء الشيماء، فأصبح محمد بن عبد الـلـه سيد البشر صلى الـلـه عليه وسلم.

هذه هي الشيماء، أخت رسول الـلـه من الرضاع- وهذا ما كانت ترقصه، وتدعو له بالسيادة والعـز الأبدي فكان رسول الـلـه سيداً للناس كافة، مسوداً عليهم أجمعين، عزيزاً بربـه ودينـه وأتباعـه إلى يـوم الدين.

صفية بنت حُيي

(رضي اللـه عنها)

هي صفية بنت حُيي بن أخطب – ينتهي نسبها إلى هارون أخي موسى عليه السلام.

كان أبوها سيد بني النضير، قتل مع بني قريظة.

أما أمها فهي برة بنت سموأل، أخت رفاعة بن سموأل. من بني قريظة، أخوه النضير.

كانت صفية بنت حُيي، عند سلام بن مشكم، وكان شاعراً ثم خلف عليها كنانة بن أبي الحقيق، وهو شاعر، فقتل يوم خيبر. (٨٤).

زواجها من الرسول صلى الله عليه وسلم :

بعد وقعة الخندق – التي كشفت عن حقد اليهود وتآمرهم على المسلمين – عزم الرسول صلى الله عليه وسلم على معاقبة أولئك المتآمرين. فخرج (عليه السلام) في النصف الثاني من المحرم. من السنة السابعة للهجرة إلى خيبر. وعن أنس رضي الله عنه، ان رسول الله صلى الله عليه وسلم غزا خيبر فصلينا عندها صلاة الغداة بغلس، فركب النبي صلى الله عليه وسلم وركب أبو طلحة وأنا رديف أبي طلحة، فأجرى نبي الله صلى الله عليه وسلم في زقاق خيبر وان ركبتي لتمس فخذ نبي الله صلى الله عليه وسلم ثم حسر الأزار عن فخذه حتى أني أنظر إلى بياض فخذ نبي الله صلى الله عليه وسلم. فلما دخل القرية قال:- ((الله أكبر فتحت خيبر، إنا إذا نزلنا بساحة قوم فساء صباح المنذرين)). قالها ثلاثاً.

قال:- وخرج القوم إلى أعماله، فقالوا:- محمد؟ والخميس يعني الجيش – قال:- فأصبناها عنوة، فجمع السبي فجاء دحية فقال: يا نبي الله أعطني جارية من السبي، قال ((اذهب فخذ جارية)). فأخذ صفية بنت حيي.

فجاء رجل إلى النبي صلى الله عليه وسلم فقال:- يا نبي الله أعطيت دحية صفية بنت حُيي سيده قريظة والنفير، لا تصلح إلا لك، قال ((ادعوه بها)) فجاء بها – فلما نظر

إليها النبي صلى الله عليه وسلم قال:- ((خذ جارية من السبي غيرها)). قال:- فاعتقها النبي صلى الله عليه وسلم وتزوجها.

ويروى من طريق حماد بن سلمة، قال:- حدثنا ثابت عن أنس:- قال:- كنت ردف أبي طلحة يوم خيبر. وقد أخرجوا مواشيهم وخرجوا بفؤوسهم ومكائلهم ومرُورهم. فقالوا محمداً والخميس. قال:- وقال رسول الله صلى الله عليه وسلم:- ((فتحت خيبر إنا إذا نزلنا بساحة قوم فساء صباح المنذرين)). قال:-وهزمهم الله عز وجل.

وقعت في سهم دحية جارية جميلة، فاشتراها رسول الله صلى الله عليه وسلم بسبعة رؤوس . ثم دفعها إلى أم سليم تصنعها له وتهيئها. قال:- واحسبه قال وتعتد في بيتها. وهي صفية بنت حُيي.

قال: وجعل رسول الله صلى الله عليه وسلم وليمتها التمر والأقط والسمن. فحصت الأرض أفاحيص. وجيء بالأنطع. فوضعت فيها. وجيء بالأقط والسمن فشبع الناس. قال:- قال الناس:- لا ندري أَتَزَوَجَها أم اتخذها أم ولد.

قالوا:- إن حجبها فهي امرأته. وإن لم يحجبها فهي أم ولد. فلما أراد أن يركب حجبها. فقعدت على عجز البعير فعرفوا أنه قد تزوجها.

قال الإمام النووي، وقوله: (اشتراها بسبعة رؤوس) أي أعطاها بدلها سبعة أنفس تطيباً لقلبه. لانه جرى عقد بيع. وعلى هذا تتفق الروايات، وهذا الإعطاء لدحية، محمول على التنقيل.

وأما قوله:- (ثم دفعها إلى أم سليم تصنعها له وتهيئها) أي لتحسن القيام بها وتزينها له عليه الصلاة والسلام.

ومعنى قوله:- (وتعتد في بيتها) أي تستبرئ رحمها فإنها كانت مسبية يجب استبراؤها – وجعلها في مدة الاستبراء في بيت أم سليم.

وأما الأقط:- فهو لبن مجفف يابس مستحجر، يطبخ به.

وقوله:- (فحصت الأرض أفاحيص) أي كشفت التراب من أعلاها، وحفرت شيئاً لتجعل الأنطاع في المحفور، ويصب فيها السمن، فيثبت ولا يخرج من جوانبها. والأنطاع:- جمع نطع،وهي البسط المتخذة من الجلود.

وقال الحافظ ابن حجر – وقع في رواية حماد بن سلمة عن ثابت عن أنس أن صفية وقعت في سهم دحية، وعنده أيضاً فيه ((فاشتراها من دحية بسبعة رؤوس)) فالأولى في طريق الجمع أن المراد بسهمه هنا نصيبه الذي اختاره لنفسه، وذلك أنه سأل النبي صلى الله عليه وسلم أن يعطيه جارية فأذن له أن يأخذ جارية، فأخذ صفية. فلما قيل للنبي صلى الله عليه وسلم إنها بنت ملك من ملوكهم ظهر له أنها ليست ممن توهب لدحية لكثرة من كان في الصحابة مثل دحية وفوقه من كان في السبي مثل صفية في علوها، فلو خصه بها لأمكن تغير خاطر بعضهم، فكان من المصلحة العامة ارتجاعها منه واختصاص النبي صلى الله عليه وسلمبها فإن في ذلك رضا الجميع. وليس ذلك من الرجوع في الهبة من شيء.

وخرج رسول الله صلى الله عليه وسلم من خيبر ولم يعرس بها وجعلها بمنزلة نسائه(٨٥).

ولما أعرس رسول الله صلى الله عليه وسلم بصفية ببعض الطريق، وكانت التي جملتها لرسول الله صلى الله عليه وسلم ومشطتها وأصلحت من أمرها أم سليم ابنة ملحان أم أنس بن مالك، فبات بها رسول الله صلى الله عليه وسلم في قبة له، فبات أبو أيوب خالد بن زيد أخو بني النجار متوشحاً سيفه، يحرس رسول الله صلى الله عليه وسلم ويطوف بالقبة، حتى أصبح رسول الله صلى الله عليه وسلم. فلما رأى مكانه قال:- ((مالك يا ابا أيوب)) قال:- يا رسول الله، خفت عليك من هذه المرأة، وكانت امرأة قد قتلت أباها وزوجها وقومها وكانت حديثة عهد بكفر فخفتها عليك، فقال رسول الله صلى الله عليه وسلم:- ((اللهم احفظ أبا أيوب كما بات يحفظني)). وبلغ الركب المدينة، فتسامعت نساء الأنصار بصفية، فجئن ينظرن إلى جمالها.

وعن أنس رضي الله عنه، قال:- لما افتتح رسول الله صلى الله عليه وسلم خيبر قال الحجاج بن علاط:-يا رسول الله إن لي بمكة مالاً، وان لي بها أهلاً، وإني أريد أن آتيهم، فأنا في حل إن أنا نلت منك أو قلت شيئاً، فأذن له رسول اله صلى الله عليه وسلم أن يقول ما يشاء. فأتى امرأته حين قدم فقال: اجمعي لي ما كان عندك، فإني أريد أن أشتري من غنائم محمد صلى الله عليه وسلم وأصحابه فإنهم قد استبيحوا، وأحبب أموالهم، قال: ففشا ذلك في مكة وانقمع المسلمون،وأظهر المشركون فرحاً وسروراً قال:- وبلغ الخبر العباس فعقر وجعل لا يستطيع أن يقوم.

ثم أرسل غلاماً إلى الحجاج بن علاط:- ويلك ما جئت به وماذا تقول فما وعد الله خيراً مما جئت به، قال الحجاج بن علاط لغلامه:- أقر على أبي الفضل السلام، وقل له:- فليخل في بعض بيوته لآتيه، فإن الخبر على ما يسره، فجاء غلامه فلما بلغ باب الدار.

قال:- أبشر يا أبا الفضل قال:- فوثب العباس فرحاً حتى قبل عينيه فأخبره ما قال الحجاج، فأعتقه، ثم جاءه الحجاج فأخبره أن رسول الله صلى الله عليه وسلم قد افتتح خيبر، وغنم أموالهم، وجرت سهام الله صلى الله عليه وسلمعز وجل في أموالهم، واصطفى رسول الله صلى الله عليه وسلم صفية بنت حُيي فاتخذها لنفسه، وخيرها أن يعتقها وتكون زوجته، أو تلحق بأهلها؟ فاختارت أن يعتقها وتكون زوجته،ولكني طبت لمال كان لي ههنا أردت أن أجمعه فاذهب به، فاستأذنت رسول الله صلى الله عليه وسلم فأذن لي أن أقول ما شئت، فاخف عني ثلاثاً ثم اذكر ما بدا لك.

قال فجمعت امرأته ما كان عندها من حلي ومتاع فجمعته فدفعته إليه ثم انشمر به، فلما كان بعد ثلاث أتى العباس امرأة الحجاج، فقال:- ما فعل زوجك؟ فأخبرته أنه قد ذهب يوم كذا وكذا وقالت:- لا يحزنك الله يا أبا الفضل لقد شق علينا الذي بلغك، قال:- أجل لا يحزني الله ولم يكن بحمد الله إلا ما أصبنا فتح الله خيبر على رسول الله صلى الله عليه وسلم وجرت فيها سهام الله، واصطفى رسول الله صفية

بنت حُيي لنفسه، فإن كانت لك حاجة في زوجك فالحقي به قالت:- أظنك و اللـه صادقاً قال:- فإني صادق، الأمر على ما أخبرتك.

فذهب حتى أتى مجالس قريش وهم يقولون إذا مر بهم:-

لا يصيبك إلا خيراً يا أبا الفضل قال لهم:- لم يصبني إلا خير بحمد اللـه، قد أخبرني الحجاج بن علاط:- ان خيبر قد فتحها اللـه على رسوله وجرت فيها سهام اللـه، واصطفى صفية لنفسه، وقد سألني أن اخفي عليه ثلاثاً، وإنما جاء ليأخذ ماله،وما كان له من شيء ههنا ثم يذهب.

قال:- فرد اللـه الكابة التي كانت بالمسلمين على المشركين وخرج المسلمون ومن كان دخل بيته مكتئباً حتى أتوا العباس، فأخبرهم الخبر فسر المسلمون ورد اللـه – يعني ما كان من كآبة أو غيط أو حزن على المشركين.

ولم تسلم صفية من غيرة زوجات النبي صلى اللـه عليه وسلم فقد لمح النبي صلى اللـه عليه وسلم زوجته عائشة تخرج متخفية على حذر فتتبع خطواتها من بعيد، فرآها تدخل بيت حارثه بن النعمان ، وانتظر عليه السلام حتى خرجت ، فأدركها وأخذ يسألها : "كيف رأيت يا شقيراء "؟

فاجفلت عائشة ، وقد هاجت غيرتها ثم هزت كتفها وهي تجيب :

رأيت يهودية !

فرد عليها الرسول صلى اللـه عليه وسلم :

" لا تقولي ذلك " فإنها أسلمت (وحسن إسلامها) (٨٦)

وعندما ألم الوجع الذي توفي به الرسول صلى اللـه عليه وسلم اجتمع إليه نساؤه فقالت صفية بنت حيي : أما و اللـه يا نبي اللـه لوددت أن الذي بك بي ، فغمزنها أزواج النبي صلى اللـه عليه وسلم وابصرهن رسول اللهصلى اللـه عليه وسلم فقال : " مضمضن " ، فيقلن : من أي شيء يا نبي اللـه؟ قال عليه السلام : " من تغامزكن بصاحبتكن – و اللـه إنها لصادقة " (٨٧) .

وكانت صفية حليمة عاقلة فاضلة ، ويروى ان جارية لها أتت عمر بن الخطاب رضي اللـه عنه فقالت : إن صفية تحب السبت وتصل اليهود .

فبعث إليها عمر فسألها، فقالت : أما السبت، فإني لم أحبه منذ أبدلني اللـه به يوم الجمعة وأما اليهود ، فإن لي منهم رحما، وأنا أصلها .

قال : ثم قالت للجارية : ما حملك على ما صنعت ؟

قالت : الشيطان .

قالت اذهبي فأنت حرة (٨٨) .

وكانت شريفة عاقلة ذات حسب ، وجمال ، ودين رضي اللـه عنها وقد روي لها مـن الحـديث عشرة أحاديث - منها واحد متفق عليه (٨٩) .

وممن حدث عنها ، إسحاق بن عبد اللـه بـن الحـارث وكنانة مولاهـا ، وهـو ابـن أخيهـا ومسلـم بـن صفوان وغيرهم .

وفاتها :

توفيت صفية - رضي اللـه عنها - في شهر رمضان في زمن معاوية سنة خمسين. (٩٢)

وقيل توفيت - رضي اللـه عنها - سنة اثنين وخمسـين في خلافـة معاويـة بـن أبي سفيان - ودفنـت بالبقيع (٩١) .

ضباعة بنت الزبير

ضبابه هذه ابنة عم الرسول صلى اللـه عليه وسلم لأن الزبير بن عبد المطلب عم الرسولصلى اللـه عليه وسلم. زوّجها رسول اللـه صلى اللـه عليه وسلم من المقداد بـن عمـرو البهـراني المعـروف بالمقـداد بن الأسود ، وهو أحد فرسان المسلمين المعدودين .

ولدت ضباعة للمقداد عبد اللـه بن المقداد، وكريمة بنت المقداد ، أسلمت ضباعة مبكـراً وهـاجرت الى المدينة، وكانت تحضر غزوات الرسولصلى اللـه عليه وسلم ومن الغزوات التـي حضرتها غـزوة خيبـر ، فأطعمها الرسول صلى اللـه عليه وسلم أربعين وسقا من تمر خيبر .

كانت ضباعة من سيدات بني هاشم وكانت حريصة على أن تكون قريبة من رسـول اللــه صـلى اللـه عليه وسلم حرصا على التفقه في دينها وعلى معرفة المهم من أمور عقيدتها.

عندما عزمت ضباعة على الحج مع رسول اللــه صـلى اللـه عليـه وسـلم في حجـة الـوداع اشتكت مرضاً فأقبلت على رسول اللـه صلى اللـه عليه وسلم وقالـت لـه : يـا رسـول اللــه ، إني أريـد الحج وأنا شاكية . فقال لها عليه الصلاة والسـلام : حجـي واشـترطي إن محـلي حيـث حبسـتني. قالـت: فكيف أقول يا رسول اللـه صلى اللـه عليك ؟

قال : " قولي : لبيك اللهم لبيك، وتحللي من الأرض حيث حبست " .

فانطلقت ضباعة تلبي الحج : لبيك اللهم لبيك ، وتشترط وتقول : وتحلـلي مـن الأرض حيـث حبست وذلك بسبب ما تشتكي من مرض .

فكان من بركات هذه السيدة المؤمنة ان تحققت سنة الاشتراط في الحـج ، فعـرف المسـلمون وأهل الفقه لهذه السيدة مكانها من سـنة الإسلام ، فكـانوا إذا ذكروهـا قـالوا: المشـترطة، وقـالوا: فيهـا جاءت سنة الاشتراط في الحج .

لضباعة هذه رواية للحديث عن رسول اللـه صلى اللـه عليه وسلم وعنهـا روى ابـن عبـاس وعائشة وابنتها كريمة بنت المقداد ، روت هي عن زوجها المقداد .

روت ضباعة أنها رأت النبي صلى اللـه عليه وسلم أكل كتفاً من اللحم ،وقـام إلى الصـلاة ولم يتوضأ، وهذا الحديث الذي روته أفاد بترك الوضوء مما مسته النار .

وعاشت ضباعة حتى عام الجماعة ٤١ من هجرة الرسول صلى اللـه عليه وسلم .

عائشة بنت أبي بكر الصديق
(رضي الله عنهما)

هي عائشة بنت أبي بكر الصديق بن أبي قحافة بن عامر بن عمرو بن كعب بن سعد بن تيم بن مرة بن كعب بن لؤي، وأمها رومان بنت عمير بن عامر بن دهمان بن الحارث بن غنيم بن مالك بن كنانة .

وكان إسلامها قديما ، حيث انها قالت : لم أعقل أبوي إلا وهما يدينان الدين .

زواجها من النبي صلى الله عليه وسلم :

لما ماتت خديجة رضي الله عنها - جاءت خولة بنت حكيم امرأة عثمان بن عفان مظعون ، قالت : يا رسول الله، ألا تتزوج؟

قال: "من" قالت : إن شئت بكراً وإن شئت ثيباً ؟ قال: "فمن البكر " قالت: ابنة أحب خلق الله - عز وجل - إليك عائشة بنت أبي بكر، قال : " ومن الثيب " قالت : سودة بنت زمعة ، قد آمنت بك واتبعتك على ما تقول قال: "فاذهبي فاذكريها علي " فدخلت بيت أبي بكر رضي الله عنه فقالت: أم رومان ماذا أدخل الله - عز وجل - عليكم من الخير والبركة ؟ قالت : وما ذاك ؟ قالت: أرسلني رسول اللهصلى الله عليه وسلم أخطب عليه عائشة ، قالت انتظري أبا بكر حتى يأتي .

فجاء أبو بكر فقالت : يا أبا بكر ماذا أدخل الله عليكم من الخير والبركة، قال : وما ذاك ؟ قالت : أرسلني رسول اللهصلى الله عليه وسلم أخطب عليه عائشة قال: وهل تصلح له ، إنما هي ابنة أخيه، فرجعت الى رسول الله صلى الله عليه وسلم فذكرت له ذلك ، قال:" ارجعي إليه فقولي له : أنا أخوك وأنت أخي في الإسلام، وابنتك تصلح لي " فرجعت فذكرت ذلك له، قال: انتظري ، وخرج ، قالت أم رومان: إن مطعم بن عدي قد كان ذكرها على ابنه، فو الله ما وعد وعداً قط فأخلفه لأبي بكر، فدخل أبو بكر على مطعم بن عدي وعنده امرأته أم الفتى، فقالت : يا ابن أبي قحافة لعلك مصب صاحبنا مدخله في دينك الذي أنت عليه ، إن تزوج اليك، قال أبو بكر للمطعم بن عدي : أقول ما تقول ؟ قال : إنها تقول ذلك .

فخرج من عنده، وقد اذهب الله - عز وجل - ما كان في نفسه من عدته التي وعده، فرجع فقال لخولة : ادعي لي رسول الله صلى الله عليه وسلم فدعته، فزوجها إياه، وعائشة يومئذ بنت ست سنين .

ثم خرجت فدخلت على سودة بنت زمعة فقالت : ماذا ادخل الله - عز وجل - عليك من الخير والبركة ؟ قالت : وما ذلك ؟ قالت أرسلني رسول اللهصلى الله عليه وسلم أخطبك عليه ، قالت : وددت، اخلي إلى أبي فاذكري ذاك له، وكان شيخاً كبيراً قد أدركه السن ، قد تخلف عن الحج فدخلت عليه بتحية الجاهلية (لأنه مات كافراً ولم يسلم) .

فقال: من هذه ؟ فقالت : خولة بنت حكيم- فقال ، فما شأنك ؟ قالت - أرسلني محمد بن عبد الله اخطب عليه سودة قال : كفء - كريم ، ماذا تقول صاحبتك ؟ قال : نحب ذاك، قال: ادعها لي ، فدعيتها، قال : أي بنية، إنّ هذه تزعم أن محمداً بن عبد الله بن عبد المطلب قد أرسلك يخطبك وهو كفء كريم أحببت أن أزوجك به ؟ فقالت : نعم ، قال: ادعيه لي ، فجاء رسول الله صلى الله عليه وسلم إليه فزوجها إياه .

فجاء أخوها عبد بن زمعة من الحج ، فجعل يحثي على رأسه التراب فقال بعد أن أسلم : لعمرك إني لسفيه يوم أحثي على رأسي التراب أن تزوج رسول اللهصلى الله عليه وسلم سودة بنت زمعة .

تزوجها رسول اللهصلى الله عليه وسلم (أي عقد عليها) بمكة في شوال سنة عشر من النبوة، قبل الهجرة بثلاث سنين ، وهي بنت ست سنين .

وعن عائشة رضي الله عنها انها سئلت : متى بنى رسول اللهصلى الله عليه وسلم ؟ فقالت:لما هاجر رسول الله صلى الله عليه وسلم الى المدينة خلفنا وخلف بناته، فلما قدم المدينة بعث إلينا زيد بن حارثة وبعث معه أبا رافع مولاه وأعطاها بعيرين وخمسمائة

درهم أخذها رسول الله صلى الله عليه وسلم من أبي بكر يشتريان بها ما يحتاجان إليه من الظهر (الإبل) .

واصطحبنا جميعا حتى إذا كنا بالبيض من منى نفر بعيري وأنا في محفة معي فيها أمي ، فجعلت أمي تقول : وا ابنتاه! وا عروساه ! حتى أدرك بعيرنا وقد هبط من لغت فسلّم الله – عز وجل - .

ثم إنا قدمنا المدينة فنزلت مع عيال أبي بكر ، ونزل آل رسول الله ورسول الله صلى الله عليه وسلم يومئذ يبني المسجد وأبياتاً حول المسجد فنزل فيها أهله .

ومكثنا أياماً في منزل أبي بكر ، ثم قال أبو بكر : يا رسول الله ما يمنعك من أن تبني بأهلك ؟ قال رسول الله صلى الله عليه وسلم (الصداق) فأعطاه أبو بكر الصداق اثنتي عشرة أوقية ونشأ فبعث بها رسول الله صلى الله عليه وسلم إلينا وبنى بي رسول الله صلى الله عليه وسلم في بيتي هذا الذي أنا فيه وهو الذي توفي فيه رسول الله صلى الله عليه وسلم .

وجعل رسول الله لنفسه باباً في المسجد وُجاه باب عائشة قالت : وبنى الرسول صلى الله عليه وسلم بسودة في أحد تلك البيوت التي إلى جنبي فكان رسول الله صلى الله عليه وسلم يكون عندها (٩٢) .

وعن أسماء بنت يزيد قالت : كنت صاحبة عائشة التي هيأتها وأدخلتها على رسول الله صلى الله عليه وسلم ومعي نسوة .

قالت : فوالله ما وجدنا عنده قرى إلا قدحا من لبن ، قالت فشرب منه، ثم ناوله عائشة ، فاسقيت الجارية!

فقلنا : لا تردي يد رسول الله صلى الله عليه وسلم خذي منه فأخذته على حياء فشربت منه، ثم قالت : (ناولي صواحبك)

فقلنا : لا نشتهيه !

فقال "عليه السلام" : (لا تجمعن جوعاً وكذباً) .

وعن عائشة رضي الله عنها قالت : تزوج بي النبي صلى الله عليه وسلم وأنا ابنة ست سنين ودخل بي وأنا ابنة تسع سنين وكنت العب بالبنات مع صواحبي فإذا جاء دهن بين أيدينا يقول لنا النبي صلى الله عليه وسلم :"مكانكن" .

وكانت عائشة رضي الله عنها عروسا جميلة ، خفيفة الجسم، ذات عينين واسعتين ووجه مشرق ، مشرب لحمره، وقد انتقلت الى بيتها الجديد ، وما كان هذا البيت سوى حجرة من الحجرات التي شيدت حول المسجد من اللبن وسعف النخيل ، وضع فيه فراش من أدم، حشوة من ليف ليس بينه وبين الأرض إلا الحصير ، وعلى فتحة الباب أسدل ستار من الشعر .

منزلة عائشة (رضي الله عنها) :

كان الرسول صلى الله عليه وسلم يحب عائشة – رضي الله عنها – فكانت لها مكانة سامية في قلبه، لكونها جميلة ، لبيبة، فطينة خطيبة ، فقيهة .

قال لها الرسول صلى الله عليه وسلم ذات مرة ، وهو جالس عندها ، ما معناه: انني أعلم وقت غضبك مني، حيث تقولين إذ تحلفين : "ورب إبراهيم " أما إذا كنت راضية عني فتحلفين قائلة : " ورب محمد" فأجابت :

إنني يا رسول الله إذا غضبت أغفلت اسمك ، فأما حبي لك فلا يتغير .

وكان المسلمون قد علموا حب رسول الله صلى الله عليه وسلم عائشة ، فإذا كانت عند أحدهم هدية يريد أن يهديها إلى رسول الله صلى الله عليه وسلم أخرها ، حتى إذا كان رسول الله صلى الله عليه وسلم في بيت عائشة بعث صاحب الهدية إلى رسول الله صلى الله عليه وسلم في بيت عائشة .

فشكت زوجات النبي صلى الله عليه وسلم من ذلك ، وأرسلن ظام سلمة فقلن لها : كلمي رسول الله صلى الله عليه وسلم يحكم الناس فيقول : من أراد ان يهدي رسول الله صلى الله عليه وسلم هدية فليهدها حيث كان من بيوت نسائه، فكلمته أم سلمة بما قلت ، فلم يقل لها شيئا، فسألتها فقالت : ما قال لي شيئاً، فقلت لها: فكلميه حين دار إليها ، فلم تقل لها شيئاً .

فسألنها فقالت: ما قال لي شيئاً، فقلن لها: كلميه حتى يكلمك . فدار إليها فكلمته فقال لها : " لا تؤذيني في عائشة ، فإن الوحي لم يأتني وأنا في ثوب امرأة إلا عائشة " .

قالت : أتوب إلى الله من ذاك يا رسول الله ، ثم إنهن دعون فاطمة بنت رسول الله صلى الله عليه وسلم فأرسلت إلى رسول الله صلى الله عليه وسلم تقول: إن نسائك ينشدنك الله العدل في بنت أبي بكر ، فكلمته فقال : " يا بنية: إلا تحبين ما أحب " قالت: بلى، فرجعت إليهن، فأخبرتهن ، فقلن ارجعي إليه، فأبت أن ترجع .

فأرسلن زينب بنت جحش ، فأتته فأغلظت وقالت : إن نساءك ينشدنك الله العدل في بنت أبي قحافة ، فرفعت صوتها حتى تناولت عائشة وهي قاعدة فسبتها . حتى أن رسول الله صلى الله عليه وسلم لينظر إلى عائشة هل تتكلم، قال، فتكلمت عائشة ترد على زينب حتى اسكتتها، قالت: فنظر النبي صلى الله عليه وسلم إلى عائشة وقال : "إنها بنت أبي بكر".

افتن الرسول صلى الله عليه وسلم بخصال عائشة الممتازة فتعلق قلبه الطاهر بحبها ، حتى كان أنس بن مالك ، يقول: "أول حب ظهر في الإسلام ، حب رسول الله صلى الله عليه وسلم وأم المؤمنين عائشة " (٩٣) .

وكانت عائشة رضي الله عنها ، تتباهى بهذا الحب ، فتقول "فضلت على نساء الرسول صلى الله عليه وسلم بعشر :

ذكرت مجيئ جبريل بصورتها (جاء جبريل على رسول الله صلى الله عليه وسلم بصورتها من السماء في حريرة وقال : تزوجها فإنها امرأتك - ثم قالت : لم ينكح بكرا غيري، ولم تنكح امرأة منهن وأبواها مهاجران غيري وانزل الله براءتي من السماء، وكان ينزل الوحي وهو معي ، وكنت أغتسل أنا وهو من إناء واحد وكان يصلي وأنا معترضة بين يديه، وقبض بين سحري ونحري في بيتي ، وفي ليلتي ، ودفن في بيتي " (٩٤)

برغم المنزلة الرفيعة التي احتلتها السيدة عائشة -رضي الله عنها - من قلب سيد الخلق محمدصلى الله عليه وسلم فإنها كانت تقف حائرة مشغولة البال ، أمام ذلك الحب العميق الذي كان يكنه الرسول صلى الله عليه وسلم لزوجته خديجة - رضي الله عنها - التي توفيت في مكة قبل الهجرة ، بعد أن استأثرت بعواطفه صلى الله عليه وسلم نحو ربع قرن وأنجبت له أولاده كلهم ما عدا إبراهيم وبناته كلهن ، فقد كانت تقول :

ما غرت من امرأة ما غرت من خديجة ، من كثرة ذكر رسول الله صلى الله عليه وسلم اياها .

وفي أحد الأيام ، استأذنت (هالة بنت خويلد) أخت خديجة على رسول الله صلى الله عليه وسلم فعرف فارتاح لها ، وقال صلى الله عليه وسلم :"اللهم هالة بنت خويلد" .

فقالت عائشة رضي الله عنها :وما تذكر من عجوز من عجائز قريش ، صحراء الشدقين ، هلكت في الدهر، فأبدلك الله خيرا منها .

فقال صلى الله عليه وسلم :

" ما أبدلني الله خيرا منها، آمنت بي إذ كفر بي الناس ، وصدقتني إذ كذبني الناس، وواستني بما لها إذ صرفني الناس، ورزقني الله أولادها ، وحرمني أولاد الناس" .

ويروى عن السيدة عائشة -رضي الله عنها- أنها قالت : إن رسول الله صلى الله عليه وسلم خرج من عندها ليلة- قالت: فغرت عليه: فلما جاء صلى الله عليه وسلم فقال :"مالك يا عائشة أغرت " ؟

فقلت : ومالي لا يغار مثلي على مثلك ؟

فقال رسول الله صلى الله عليه وسلم :"قد جاءك شيطانك " ؟

قالت : يا رسول الله أومعي شيطان ؟

قال: " نعم ! قلت : ومع كل إنسان؟ قال "نعم" .

قلت "ومعك"؟ يا رسول الله .

قال: "نعم" ولكن ربي أعانني عليه حتى أسلم".

وقوله صلى الله عليه وسلم :"فأسلم" برفع الميم وفتحها وهما روايتان مشهورتان ، فمن رفع ، قال : ومعناه أسلم أنا من شره وفتنته، ومن فتح قال: ان القرين أسلم - من الإسلام - وصار مؤمناً لا يأمرني إلا بخير ، واختلفوا على رواية الفتح ، قيل: اسلم بمعنى: استسلم وانقاد، وقيل: معناه صار مسلماً مؤمناً، وهذا هو الظاهر وأن الأمة مجتمعة على عصمة النبي صلى الله عليه وسلم من الشيطان في جسمه وخاطره ولسانه وفي هذا الحديث إشارة الى التحذير من فتنة القرين ووسوسته وإغوائه، فاعلمنا - بأنه معنا - لنحترز منه بحسب الإمكان .

ويروى من طريق عبد الله بن شفيق قال: قلت لعائشة - رضي الله عنها- أي الناس كان أحب إلى رسول الله صلى الله عليه وسلم ؟ قالت عائشة ،قلت: فمن الرجال؟ قالت: أبوها.

وعن أم سلمة -رضي الله عنها - انها قالت يوم ماتت عائشة رضي الله عنها .

اليوم مات أحب شخص كان في الدنيا إلى رسول الله صلى الله عليه وسلم - ثم قالت : استغفر الله، ماخلا أباها .

جهادها وخروجها مع رسول الله صلى الله عليه وسلم :

يروى عن السيدة عائشة -رضي الله عنها- قالت:كان النبي صلى الله عليه وسلم إذا أراد أن يخرج أقرع بين نسائه ، فأيهن يخرج سهمها، خرج بها النبي صلى الله عليه وسلم فاقرع بيننا في غزوة غزاها ، فخرج فيها سهمي ، فخرجت مع النبي صلى الله عليه وسلم بعدما انزل الحجاب - وسيأتي في حديث الإفك.

وقال أنس رضي الله عنه لما كان يوم أحد انهزم الناس عن النبي صلى الله عليه وسلم وأبو طلحة بين يدي النبي صلى الله عليه وسلم مجوب عليه بحجفه له وكان أبو طلحة رجلاً رامياً شديد النزع، كسر يومئذ قوسين أو ثلاثاً، وكان الرجل مع ما يجمعه من النبل فيقول (انثرها لأبي طلحة) .

قال: ويشرف النبي صلى الله عليه وسلم ينظر إلى القوم فيقول أبو طلحة بأبي أنت وأمي لا تشرف يصبك سهم من سهام القوم نحري دون نحرك .

ولقد رأيت عائشة بنت أبي بكر وأم سليم وأنهما لمشمرتان أرى حزم سوقهما تحملان القرب على متونهما تفرغانه في أفواه القوم ثم ترجعان فتملأنها ثم تجيئان فتفرغانه في أفواه القوم.

ومعنى تفرغانه في أفواه القوم، أي من الجرحى ومن كان فيهم رمق ولقد وقع السيف من يدي أبي طلحة إما مرتين وإما ثلاث .

وقوله مجوي عليه: أي مترس عليه- بغية بها - ويقال للترس : جوية ، والحجفة: الترس

وفي الحديث فوائد منها : ما كان عليه أزواج النبي صلى الله عليه وسلم من الخروج في سبيل الله مع النبي صلى الله عليه وسلم والقيام على مداواة الجرحى وسقاية المقاتلة مع بذل وسعهن في ذلك وكذا دفاعهن عن الإسلام والمسلمين على قدر استطاعتهم ويشاركن في ذلك نساء الصحابة رضوان الله عليهم جميعاً .

وفي حديث ابن عباس عن مسلم : كان رسول الله صلى الله عليه وسلم يغزو بهن فيداوين الجرحى ... الحديث ومن طريف مشرج بن زياد عن جدته : إنهن خرجن مع النبي صلى الله عليه وسلم في حنين ، وفيه ، أن النبي صلى الله عليه وسلم سألهن عن ذلك؟ فقلن : خرجنا نغزل الشعر ، ونعين في سبيل الله ونداوي الجرحى ، ونناول السهام ، ونسقي السويق وعن انس رضي الله عنه : أن أم سليم اتخذت خنجراً يوم حنين ، فقالت: اتخذته ان دنا مني أحد من المشركين ، بقرت بطنه .

وعن عائشة رضي الله عنها - قالت : فسمعت وئيد الأرض ورائي يعني - حس الأرض - قالت : فالتفت فإذا أنا بسعد بن معاذ ومعه ابن أخيه الحارث بن أوس يحمل مجنّة قالت: فجلست الى الأرض ، فمر سعد وعليه درع

من حديد قد خرجت منها أطرافه ، فأنا أتخوف على أطراف سعد قالت: وكان سعد من أعظم الناس وأطولهم، قالت: فمر وهو يرتجز ويقول :

ليت قليلاً يدرك الهيجا رجل   ما أحسن الموت إذا جاء الأجل

قالت: فقمت، فاقتحمت حديقة ، فإذا فيها عدد من المسلمين وإذا فيهم عمر بن الخطاب ، وفيهم رجل عليه سبغة له ، يعني : مغفراً - فقال عمر : ما جاء بك؟ لعمري و الله انك لجريئة ، وما يؤمنك أن يكون بلاء أو يكون فوز ؟

قالت: فما زال يلومني حتى تمنيت أن الأرض انشقت لي ساعتئذٍ فدخلت فيها. قالت : فرفع الرجل السبغة عن وجهه ، فإذا طلحة بن عبيد الله ، فقال :

يا عمر، ويحك، انك قد أكثرت منذ اليوم وأين الفوز أو الفرار، إلا إلى الله عز وجل قالت: ويرمي سعداً رجل من المشركين من قريش - يقال له :ابن العرقه بسهم له - فقال له : خذها وأنا أبن العرقة ، فأصاب كاحله فقطعه، فدعا الله عز وجل - سعد فقال : اللهم لا تمتني حتى تقر عيني من قريظة (حي من اليهود كانوا بجوار المدينة ، نقضوا عهدهم مع رسول الله صلى الله عليه وسلم).

قالت : وكانوا وحلفاءه ومواليه في الجاهلية ، قالت : فرقي كلمه، وبعث الله عز وجل - الريح على المشركين - فكفى الله عز وجل - المؤمنين القتال وكان الله قويا عزيزاً ، فلحق أبو سفيان ومن معه بتهامة ، ولحق عينة بن بدر ومن معه بنجد ، ورجعت بنو قريظة فتحصنوا في صياصيهم(أي حصونهم) .

ورجع رسول الله صلى الله عليه وسلم الى المدينة فوضع السلاح وأمر بقبة من أدم فضربت على سعد في المسجد- قالت: فجاءه جبريل - عليه السلام - وإن على ثناياه لنقع الغبار ، فقال :

"قد وضعت السلاح ، و الله ما وضعت الملائكة بعد السلاح ، أخرج الى بني قريظة فقاتلهم" قالت : فلبس رسول الله صلى الله عليه وسلم لأمته وأذن في الناس بالرحيل : أن يخرجوا .

فخرج رسول الله صلى الله عليه وسلم فمر على بني غنيم ، وهم جيران المسجد حوله ، فقال : "من مرّ بكم" ؟ فقالوا : مرّ بنا دحية الكلبي وكان دحية الكلبي تشبه لحيته وسنه ووجهه جبريل -عليه السلام - فقالت : فأتاهم رسول الله صلى الله عليه وسلم فحاصرهم خمسا وعشرين ليلة ، فلما اشتد حصارهم واشتد البلاء ، قيل لهم : انزلوا على حكم رسول الله صلى الله عليه وسلم فاستشاروا أبا لبابة بن عبد المنذر فأشار إليهم أنه الذبح- قالوا : ننزل على حكم سعد بن معاذ ، فقال رسول الله صلى الله عليه وسلم : ؟ انزلوا على حكم سعد بن معاذ " فنزلوا .

وبعث رسول الله صلى الله عليه وسلم الى سعد بن معاذ ، فأتي به على حمار عليه إكاف من ليف قد حمل عليه ، وحف به قومه ، فقالوا : يا أبا عمر ، حلفاؤك ومواليك وأهل النكاية ومن قد علمت قالت : لا يرجع إليهم شيئاً ولا يلتفت إليهم ، حتى إذا دنا من دورهم التفت إلى قومه ، فقال : قد آن لي أن لا أبالي في الله لومة لائم .

قال: قال ابو سعد ، فلما طلع على رسول الله صلى الله عليه وسلم قال: "قوموا إلى سيدكم فأنزلوه" فقال عمر : سيدنا الله عز وجل ، قال : انزلوه ، فأنزلوه قال رسول الله صلى الله عليه وسلم : "احكم فيهم" قال سعد :فإني أحكم فيهم، أن تقتل مقاتلتهم، وتسبي ذراريهم ، وتقسم أموالهم .

فقال رسول الله صلى الله عليه وسلم : " لقد حكمت فيهم بحكم الله - عز وجل - وحكم رسوله " قالت : ثم دعا سعد قال: اللهم إن كنت بقيت على نبيك صلى الله عليه وسلم من حرب قريش شيئاً فأبقني لها ، وإن كنت قطعت الحرب بينه وبينهم فاقبضني إليك .

قالت : فانفجر كلمه ، وكان قد يرى حتى ما يرى منه إلا مثل الخرص، ورجع إلى قبته التي ضرب عليه رسول الله صلى الله عليه وسلم قالت عائشة : فحضره رسول الله صلى الله عليه وسلم وأبو بكر وعمر، قالت: فوالذي نفس محمد بيده، إني لا أعرف بكاء عمر من بكاء أبي بكر وأنا في حجرتي .

قال علقمه- وهو أحد رواة الحديث، قلت: أي أمه ، فكيف كان رسول الله صلى الله عليه وسلم يصنع ؟

قالت : كانت عينه لا تدمع على أحد، ولكنه كان إذا وجد فإنما هو اخذ بلحيته .

محنة الإفك :

قال محمد بن اسحق : وحدثني يحيى بن عباد بن عبد الله بن الزبير ، عن أبيه ، عن عائشة ، وعبد الله بن أبي بكر عن عمرة بنت عبد الرحمن عن عائشة عن نفسها، حين قال فيها أهل الإفك ما قالوا فكل قد دخل في حديثها من هؤلاء جميعاً ، يحدث بعضهم ما لم يحدث صاحبه ، وكل كان على ثقة، فكلهم حدث عنها ما سمع .

قالت: "كان رسول الله صلى الله عليه وسلم اذا اراد سفرا أقرع بين نسائه، فأيتهن خرج سهمها خرج بها معه، فلما كانت غزوة بني المصطلق (سنة ست) ، أقرع بين نسائه، كما كان يصنع ، فخرج سهمي عليهم معه، فخرج بي رسول الله صلى الله عليه وسلم .

قالت : وكان النساء اذ ذاك إنما يأكلن الكتف، ثمّ يهجن اللحم فيثقلن، وكنت إذا رحل لي بعيري جلست في هودجي ، ثم يأتي القوم الذي يرحلون لي ويحملوني فيأخذون بأسفل الهودج فيرفعونه ، فيضعونه على ظهر البعير ، فيشدونه بحباله، ثم يأخذون براس البعير ، ينطلقون به ، قالت : فلما فرغ رسول الله صلى الله عليه وسلم من سفره ذلك، وجه قافلا ، حتى اذا كان قريباً من المدينة نزل منزلاً ، فبات به بعض الليل، ثم أذن في الناس بالرحيل ، فارتحل الناس ، وخرجت لبعض حاجتي ، وفي عنقي عقد لي فيه جزع ظفار ، فلما فرغت أنسل من عنقي ولا أدري ، فلما رجعت الى الرحل ، ذهبت ألتمسه في عنقي ، فلم أجده ، وقد اخذ الناس في الرحيل ، فرجعت إلى مكاني الذي ذهبت إليه فالتمسته حتى وجدته، وجاء القوم خلافي ، الذين كانوا يرحلون لي البعير ، وقد فرغوا من

رحلته ، فأخذوا الهودج وهم يظنون أني فيه ، ثم اخذوا برأس البعير فانطلقوا به فرجعت الى العسكر وما فيه من داعٍ ولا مجيب ، قد انطلق الناس .

قالت: فتلففت في جلبابي ، ثم اضطجعت في مكاني ، وعرفت ان لو قد افتقدت لرجع إلي : قالت : فوالله إني لمضطجعة إذ مر بي صفوان بن المعطل السلمي، وقد كان تخلف عن العسكر لبعض حاجته ، فلم يبيت مع الناس، فرأى سوادي ، فأقبل حتى وقف عليه، وقد كان يراني قبل أن يضرب علينا الحجاب ، فلما رآني ، قال: إنا لله وإنا له راجعون، ظعينة رسول اللهصلى الله عليه وسلم ! وأنا متلففة بثيابي، قال: ما خلفك يرحمك الله؟ قالت: فما كلمته، ثم قرب البعير، فانطلق سريعا يطلب الناس ، فوالله ما أدركنا الناس ، وما التفت حتى أصبحت، ونزل الناس ، فلما اطمأنوا اطلع الرجل يقود بي : فقال أهل الإفك ما قالوا ، فارتجع العسكر ، و الله ما أعلم بشيء من ذلك .

ثم قدمنا المدينة ، فلم ألبث أن اشتكيت شكوى شديدة، ولا يبلغني من ذلك شيء، وقد انتهى الحديث إلى رسول الله صلى الله عليه وسلم والى أبي ، لا يذكرون لي منه قليلاً ولا كثيراً ، إلا أني قد أنكرت من رسول الله صلى الله عليه وسلم بعض لطفه بي ، فلم يفعل ذلك في شكواي تلك، فأنكرت ذلك منه، وكان اذا دخل علي وعندي أمي تمرضني، قال ابن هشام : وهي أم رومان واسمها زينب بنت عبد دهمان ، أحد بني فراس بن غنم بن مالك بن كنانه - قال : كيف انتم ، لا يزيد على ذلك قال ابن اسحق: قالت : حتى وجدت في نفسي ، فقلت يا رسول الله حين رأيت ما رأيت من جفائه لي : لو أذنت لي ، فانتقلت الى أمي، ولا علم لي بشيء مما كان، حتى نقهت من وجعي بعد بضع وعشرين ليلة ، وكنا قوما عربا، لا نتخذ في بيوتنا هذه الكتف التي تتخذها الأعاجم ، نعافها ونكرهها إنما كنا نذهب في فسح المدينة ، وإنما كانت النساء يخرجن كل ليلة في هوادجهن، فخرجت ليلة لبعض حاجتي ومعي أم مسطح بنت أبي رهم بن المطلب بن عبد مناف وكانت

امها بنت صخر بن عامر بن كعب بن سعد بن تيم، خالة ابي بكر الصديق - رضي الله عنه - قالت : فو الله إنها لتمشي معي اذ عثرت في مرضها، فقالت : تعس مسطح! ومسطح لقب ، واسمه عوف، قالت: قلت: بئس لعمر الله ما قلت لرجل من المهاجرين قد شهد بدراً ، قالت نعم و الله لقد كان ، قالت: فوالله ما قدرت على ان أقضي حاجتي ، ورجعت فوالله ما زلت ابكي حتى ظننت أن البكاء سيصدع كبدي ، قالت: وقلت لأمي يغفر الله لك، تحدث الناس بما تحدثوا به ، ولا تذكرين لي من ذلك شيئاً ! قالت: أي بنية خففي عليك الشأن ، فوالله لقلما كانت امرأة حسناء عند رجل يحبها لها ضرائر إلا أكثرن وكثر الناس عليها.

قالت : وقد قام رسول الله صلى الله عليه وسلم في الناس يخطبهم ولا اعلم بذلك ، فحمد الله وأثنى عليه ، ثم قال : أيها الناس، ما بال رجال يؤذونني في أهلي ، ويقولون عليهم غير الحق، و الله ما علمت منهم إلا خيراً ، ويقولون ذلك لرجل و الله ما علمت منه إلا خيراً ، وما يدخل بيتاً من بيوتي إلا وهي معي ، قالت: وكان كُبْرَ ذلك عند عبد الله بن أبي سَلول في رجال الخزرج، مع الذي قال مسطح وحمنة بنت جحش، وذلك أن أختها زينب بنت جحش كانت عند رسول الله صلى الله عليه وسلم ، ولم تكن من نسائه امرأة تناصبني (تساويني) في المنزلة عنده غيرها، فأما زينب فعصمها الله تعالى بدينها، فلم تقل إلا خيراً، وأما حمنة بنت جحش فأشاعت من ذلك ما أشاعت، تضادني لأختها ، فشقيت بذلك .

فلما قال رسول الله صلى الله عليه وسلم تلك المقالة، قال أسيد بن حُضير: يا رسول الله ، إن يكونوا من الأوس نكفهم، وإن يكونوا من اخواننا من الخزرج فمرنا بأمرك، فوالله إنهم لأهل ان نضرب أعناقهم: قالت فقام سعد بن عبادة ، وكان قبل ذلك يرى رجلا صالحا، فقال: كذب لعمر الله، لا نضرب أعناقهم، أما و الله ما قلت هذه المقالة إلا انك قد عرفت أنهم من الخزرج، ولو كانوا من قومك ما قلت هذا

فقال اسيد كذبت لعمر الله ولكنك منافق يخاذل عن المنافقين ! قالت: وتساور الناس ، كاد يكون بين هذين الحيين من الأوس والخزرج شر، ونزل رسول الله صلى الله عليه وسلم فدخل عليّ.

قالت: فدعا علي بن أبي طالب رضوان الله عليه وأسامة بن زيد، فأما أسامة فأثنى علي خيرا، ثم قال: يا رسول الله ، أهلك ولا تعلم منهم إلا خيراً ، وهذا الكذب ، والباطل ، وأما علي فإنه قال: يا رسول الله ، إن النساء لكثير، وإنك لقادر على ان تستخلف ، وسل الجارية ، فإنها ستصدقك، فدعا رسول الله صلى الله عليه وسلم بريرة ليسألها، قالت فقام إليها علي بن أبي طالب، وقال لها: أصدقي رسول الله صلى الله عليه وسلم - قالت: فتقول: و الله ما أعلم إلا خيراً، وما كنت أعيب على عائشة، إلا أني كنت اعجن عجيني ، فآمرها ان تحفظه، فتنام عنه، فتأتي الشاة فتأكله، قالت ثم دخل علي رسول الله صلى الله عليه وسلم وعندي ابواي ، وعندي امرأة من الأنصار ، وأنا أبكي، وهي معي ، فجلس فحمد الله ، واثنى عليه ، ثم قال : يا عائشة: إنه قد كان ما قد بلغك من قول الناس ، فاتقي الله وإن كنت قد قارفت سوءاً ، مما يقول الناس ، فتوبي الى الله ، فإن الله يقبل التوبة عن عباده ، قالت: فوالله ما هو إلا أن قال لي ذلك ، فقلص(ارتفع) دمعي ، حتى ما أحس منه شيئاً ، وانتظرت أبواي أن يجيبا عني رسول الله صلى الله عليه وسلم ، فلما يتكلما! قالت: وايم الله لانا اصغر في نفسي وأصغر شأناً من أن ينزل الله فيّ قرآناً يقرأ به في المساجد ، ويصلى به، ولكني كنت أرجو أن يرى رسول الله صلى الله عليه وسلم في نومه شيئاً يكذب به الله عني ، لما يعلم من براءتي ، أو يخبر خبرا، فأما قرآن ينزل فيّ، فوالله لنفسي كانت أصغر عندي من ذلك قالت: فلما لم أرَ أبوي يتكلما ، قالت: قلت لهما: ألا تجيبان رسول الله صلى الله عليه وسلم ؟ قالت: فقالا: و الله ما ندري بماذا نجيبه ، قالت فوالله ما أعلم أهل بيت دخل عليهم ما دخل على آل أبي بكر في تلك الأيام، قالت: فلما أن استعجما عليّ بكيت" ثم قلت: و الله لا أتوب إلى الله ما ذكرت ابدا ، و الله إني لا أعلم لئن

أقررت بما يقول الناس ، و الـلـه يعلم أني منه بريئة، لاقولن ما لم يكن - ولئن أنا أنكرت ما يقولون لا تصدقوني ، قالت : ثم التمست اسم يعقوب فما اذكره، فقلت: ولكن سأقول كما قال أبو يوسف:"فصبر جميل، و الـلـه المستعان على ما تصفون"(٩٥) .

قالت: فوالـلـه ما برح رسول الـلـه صلى الـلـه عليه وسلم مجلسه، حتى تغشاه من الـلـه ما كان يتغشاه، فسجي بثوبه ، ووضعت له وسادة من أدم تحت رأسه فأما أنا حين رأيت من ذلك ما رأيت ، فوالـلـه ما فزعت ولا باليت ، قد عرفت أني بريئة، وأن الـلـه عز وجل غير ظالمي ، وأنا وأبواي فوالذي نفس عائشة بيده، ما سُرّي عن رسول الـلـه صلى الـلـه عليه وسلم ، حتى ظننت لتخرجن أنفسهما، فرقاً من أن يأتي من الـلـه تحقيق ما قال الناس" قالت: ثم سري عن رسول الـلـه صلى الـلـه عليه وسلم فجلس ، وأنه لينحدر منه مثل الجُمان في يوم شات، فجعل يمسح العرق عن جبينه، ويقول: ابشرى يا عائشة فقد أنزل الـلـه براءتك، قالت: بحمد الـلـه - ثم خرج الى الناس ، فخطبهم، وتلا عليهم: ما أنزل الـلـه عليه من القرآن في ذلك ثم أمر بمسطح بن أثامة، وحسان بن ثابت وحمنة بنت جحش، وكانوا من افصح بالفاحشة، فضربوا حدهم .

قال ابن اسحق : وحدثني ابي اسحق بن يسار عن بعض رجال بني النجار :

أن أبا أيوب خالد بن زيد ، قالت له امرأته ، أم أيوب : يا أبا أيوب ألا تسمع ما يقول الناس في عائشة؟ قال: بلى وذلك الكذب ، أكنت يا أم أيوب فاعلة؟

قالت : لا و الـلـه ما كنت لأفعله، قال: فعائشة و الـلـه خير منك قالت: فلما نزل القرآن يذكر من قال من أهل الإفك فقال تعالى " إن الذين جاءوا بالإفك عصبة منكم ، لا تحسبوه شراً لكم بل هو خير لكم ، لكل امرئ منهم ما اكتسب

من الإثم ، والذي تولى كبره منهم له عذاب عظيم " (٩٦) وذلك حسان بن ثابت وأصحابه قالوا ما قالوا .

قال ابن هشام: ويقال: ذلك عبد الله بن أبي وأصحابه، وقال ابن هشام: والذي تولى كبره عبد الله بن أبي، وقد ذكر ذلك ابن اسحق في هذا الحديث قبل هذا ، ثم قال تعالى " لولا إذ سمعتموه ظن المؤمنون والمؤمنات بأنفسهم خيراً"(٩٧) أي فقالوا كما قال أبو أيوب وصاحبته، ثم قال: "إذ تلقونه بألسنتكم وتقولون بأفواهكم ما ليس لكم به علم وتحسبونه هيناً وهو عند الله عظيم"(٩٨) .

فلما نزل هذا في عائشة، وفيمن قال لها ما قال أبو بكر ، وكان ينفق على مسطح لقرابته وخاصيته ، والله لا أنفق على مسطح شيئاً أبداً ولا نفقة ينفع أبداً بعد الذي قال لعائشة ، وأدخل علينا ، قالت ، فأنزل الله في ذلك "ولا يأتل أولوا الفضل منكم والسعة أن يؤتوا أولي القربى والمساكين والمهاجرين في سبيل الله، وليعفوا وليصفحوا، ألا تحبون أن يغفر الله لكم و الله غفور رحيم"(٩٩).

قال ابن اسحق : قالت : فقال أبو بكر: بلى و الله ، إني لأحب أن يغفر الله لي ، فرجع إلى مسطح نفقته التي كان ينفق عليه، وقال، و الله لا أنزعها منه أبداً .

إن هذا من تمام الحكم الباهرة التي جعل الله هذه القصة سبباً لها ، وامتحاناً وابتلاء لرسول الله صلى الله عليه وسلم ولجميع الأمة إلى يوم القيامة ، يرفع بهذه القصة أقواما ويضع بها آخرين ، ويزيد الله الذي اهتدوا أهدى وإيماناً ولا يزيد الظالمين إلا خسارا واقتضى ـ تمام الوحي أن حبس عن رسول الله صلى الله عليه وسلم شهراً في شأنها ، لا يوحي إليه في ذلك شيء لتتم حكمته التي قدرها وقضاها وتظهر على أكمل الوجوه ويزداد المؤمنون الصادقون إيماناً وثباتاً على العدل والصدقة، وحسن الظن بالله ورسوله، وأهل بيته، ويزداد المنافقون إفكاً ونفاقاً ، ويظهر لرسوله وللمؤمنين سرائرهم، وأيضاً فإن الله سبحانه أحب أن يظهر منزلة

رسوله وأهل بيته عنده ، وكرامتهم عليه ، وأن يخرج رسوله عن هذه القضية ، ويتولى هو بنفسه الدفاع والمنافحة عنه والرد على أعدائه ، وذمهم وعيبهم بأمر لايكون له فيه عمل ولا ينسب إليه بل يكون هو وحده المتولي لذلك ، التآمر على رسوله وأهل بيته.

واستشرقت قلوب المؤمنين أعظم استشراق إلى ما يوصيه الله إلى رسوله فيها ، وتطلعت إلى ذلك غاية التطلع، فوافى الوحي أحوج ما كان إليه رسول الله صلى الله عليه وسلم وأهل بيته والصديق وأهله، وأصحابه والمؤمنون فورد عليهم ورود الغيث على الأرض أحوج ما كانت إليه فوقع منهم اعظم موقع وألطفه، وسروا به أتم السرور وحصل لهم به غاية الهناء ، فلوا أطلع الله رسوله على حقيقة الحال من أول وهلة، وأنزل الوحي على الفور بذلك، لفاتت هذه الحكم وأضعافها وأضعاف أضعافها .

ولما جاء الوحي ببرائتها أمر رسول الله صلى الله عليه وسلم بمن صرح بالإفك، فحدوا ثمانين، ولن يحد الخبيث عبد الله بن أبي زمع مع أنه رأس أهل الإفك، فقيل لأن الحدود تخفف عن أهلها وكفارة ، والخبيث ليس أهلا لذلك ، وقد وعده الله بالعذاب العظيم في الآخرة _ فيكفيه ذلك عن الحد، وقيل : إنه كان يستوشي الحديث ويجمعه ويحكيه، ويخرجه في قوالب من لا ينسب إليه وقيل : الحد لا يثبت إلا بالإقرار وهو لم يقر بالقذف، ولا شهد به عليه أحد فإنه إنما كان يذكره بين أصحابه ، ولم يشهدوا عليه ، ولم يكن يذكره بين المؤمنين .

وقيل: بل ترك حده لمصلحة هي أعظم من إقامته، كما ترك قتله مع ظهور نفاقة، وتكلمه بما يوجب قتله مرارا، وهي تأليف قومه، وعدم تنفرهم عن الإسلام، فإنه كان مطاعا فيهم، رئيساً عليهم فلم تؤمن إثارة الفتنة في حده ، ولعله ترك لهذه الوجوه كلها .

علم عائشة وفضلها :

عندما توفي رسول اللـه صلى اللـه عليه وسلم كانت أم المؤمنين - رضي اللـه عنها - في الثامنة عشر من عمرها فقد عاشت مع النبي الكريم تسع سنوات وخمسة اشهر .

كانت رضي اللـه عنها - على جانب كبير من الذكاء تلم بمسائل كثيرة من الفقه ، وعن هشام عن أبيه قال: لقد حجت عائشة ، فما رأيت أحد قط كان أعلم بآية أنزلت ، ولا بفريضة ولا بسنة، ولا بشعر ، ولا بيوم من أيام العرب ، ولا بنسب ولا بقضاء ، وطب، منها فقلت لها، يا خالة الطب من أين علمته ؟ فقالت كنت أمرض فينعت لي الشيء ويمرض المريض فينعت له وأسمع الناس ينعت بعضهم بعض فأحفظه(١٠٠).

وقد روت السيدة عائشة -رضي اللـه عنها - عن رسول اللـه صلى اللـه عليه وسلم ألفين ومائتين وعشرة أحاديث أتفق لها البخاري ومسلم على مائة وأربعة وسبعين حديثاً وانفرد البخاري بأربعمائة وخمسين ، وانفرد مسلم بتسعة وستين . (١٠١)

وروى عروة بن الزبير - أن عائشة -رضي اللـه عنها - قالت: استأذن عليّ أفلح أخو أبي القعيس ، بعد ما أنزل الحجاب ، فقلت : لا آذن له حتى استأذن فيه النبي صلى اللـه عليه وسلم فإن أخاه أبا القعيس ليس هو أرضعني ولكن أرضعتني امرأة أبي القعيس .

فدخل علي النبي صلى اللـه عليه وسلم فقلت له : يا رسول اللـه ، إن أفلح أخا أبي القعيس استأذن فأبيت ان آذن حتى أستأذنك.

فقال النبي صلى اللـه عليه وسلم :" وما منعك أن تأذنين عمك ".

قلت يا رسول اللـه: إن الرجل ليس هو أرضعني ولكن أرضعتني امرأة ابي القعيس ، فقال : " إئذني له فإنه عمك ، تربت يمينك" .

قال عروة: فلذلك كانت عائشة تقول: حرموا من الرضاعة ما تحرمون من النسب .

وأما فضلها فيدل عليه، أن عمر بن الخطاب - رضي الله عنه - خصص مرتبات سنوية لزوجات النبي صلى الله عليه وسلم من بيت المال ، وكان يعطي كل واحدة منهن عشرة آلاف درهم إلا عائشة فقد جعل لها اثنتي عشر ألف درهم وقد أجاب بعض المعترضين على تصرفه ذلك بقوله: "ذلك أن عائشة كانت محبوبة الرسول صلى الله عليه وسلم ".

وكان بيتها مقصد طلاب العلم ، يستمعون إليها ويناقشونها وينقلون عنها ما سمعته من الأحاديث النبوية .

وفاة النبي صلى الله عليه وسلم :

عاد النبي صلى الله عليه وسلم من حجة الوداع إلى المدينة المنورة في السنة العاشرة من الهجرة . وفي أخريات السنة الحادية عشر ، مر بعائشة رضي الله عنها في الصباح فوجدها تشكو صداعا وتقول (وا رأساه) فقال عليه السلام : (بل أنا و الله يا عائشة ، وا رأساه) - قد بدا يحس السم المرض ، فلما كررت الشكوى ، قال لها ملاطفا "وما ضرك لو مت قبلي ، فقمت عليك، وكفنتك ، وصليت عليك، ودفنتك"؟

فقالت - وقد شعرت بالغيرة :

"ليكن ذلك حظ غيري ، و الله بكائي بك لو قد فعلت ذلك ، لقد رجعت إلى بيتي فاعرست فيه بعض نسائك" فابتسم النبي صلى الله عليه وسلم ثم أخذ يطوف بزوجاته لكن الألم ما لبث أن اشتد عليه ، حتى إذا وصل الى بيت (ميمونة) لم يستطع احتمال الألم، فنظر إلى زوجاته ، وقال متسائلاً :

"أين أنا إذا ؟ " وأين أنا بعد غد "؟

ففهمت نساؤه مقصده وقلن معاً ".

"يا رسول الله ، قد وهبنا أيامنا لعائشة ".

بعد ذلك ، قال عليه السلام وقد أشتد عليه المرض "مروا أبا بكر فليصل بالناس " وانتقل عليه السلام الى بيت عائشة -رضي الله عنها - فسهرت عليه تمرضه وكان رأسه صلى الله عليه وسلم في حجرها ثم أخذ يقول :

"بل الرفيق الأعلى من الجنة ".

فقالت له السيدة عائشة :

خيرت فاخترت والذي بعثك بالحق .

قالت - رضي الله عنها - :

قبض رسول الله صلى الله عليه وسلم بين سحري ونحري .

ودفنصلى الله عليه وسلم حيث قبض في بيت عائشة - رضي الله عنها - وأصبح أبو بكر - رضي الله عنه - خليفة للمسلمين .

وفاتها :

توفيت السيدة عائشة -رضي الله عنها - بالمدينة المنورة ، لسبع عشر مضت من شهر رمضان، سنة ثمان وخمسين من هجرة النبي صلى الله عليه وسلم ودفنت بالبقيع - بعد حياة عطرة مع أفضل المخلوقات، خاتم الأنبياء والمرسلين - محمد صلى الله عليه وسلم -.

وهكذا طويت صفحة مشرقة من صفحات التاريخ الإسلامي بوفاة الصديقة بنت الصديق وقد أصبحت مثلا يحتذى به لنساء المسلمين وفتياتهم .

عاتكة بنت عبد المطلب

هي عاتكة بنت عبد المطلب بن هاشم ، عمة الرسول صلى الله عليه وسلم أسلمت بمكة وهاجرت إلى المدينة .

وعاتكة صاحبة الرؤيا المشهورة بمكة وكان لهذه الرؤيا حديث به أهمية في نفسية القريشين قبل بدر .

رأت عاتكة في منامها قبل ثلاثة أيام من معركة بدر رؤيا أفزعتها ، فدعت أخاها العباس بن عبد المطلب وقالت له : اكتم علي ما أحدثك، فإني أتخوف أن يدخل على قومك من هذه الرؤيا شر ومصيبة .

قال العباس : وماذا رأيت ؟

قالت : رأيت راكبا أقبل على بعير حتى وقف بالابطح ، ثم صرخ بأعلى صوته، يا آل بدر انفروا إلى مصارعكم في ثلاث ، وكرر ذلك ثلاث مرات، فرأيت الناس قد اجتمعوا إليه، ثم دخل المسجد والناس يتبعونه، فمثل به بعيره على جبل أبي قبيس ، فصرخ بمثل ما صرخ به ثلاثاً، ثم أخذ صخرة من صخور أبي قبيس ، فأرسلها ، فأقبلت تهوي، حتى إذا كانت بأسفل الجبل انفضت، فما بقي من بيوت مكة ، ولا دار من دارها إلا دخلته فيها فلذة، ولم يدخل داراً من دور بني هاشم ولا من دور بني زهره منها شيء .

قال العباس : إن هذه لرؤيا .

وخرج العباس من بيت أخته عاتكة مغتما، فلقي الوليد بن عنية، وكان له صديقا، فذكرها له، نبأ حديث هذه الرؤيا بمكة ، فأقبل أبو جهل على العباس وقال له: يا بني عبد المطلب أما رضيتم أن تنبأ رجالكم حتى تتنبأ نسائكم؟ لقد زعمت عاتكة أنها رأت ما رأت ، فسوف نتربص بكم ثلاثاً، فإن يكن ما قالت، وإلا كتبنا عليكم انكم أكذب أهل بيت في العرب .

ولما كان اليوم الثالث من رؤيا عاتكة قدم ضمضم بن عمرو رسولاً من أبي سفيان يستنفر قريشاً لإنقاذ قافلتها التجارية فوقف في قريش نذيراً وصاح :

يا معشر قريش ، اللطيمة اللطيمة، عيركم مع أبي سفيان قد عرض لها محمد وأصحابه ، الغوث الغوث ، والله ما أراني أن تدركوها ونفرت قريش لإنقاذ عيرها، والتقت مع المسلمين في بدر وذاقت ذل الهزيمة ، ولم يبق بيت من بيوت مكة إلا وقد أصيب له رجل ، إلا ماكان من بني هاشم وبني زهرة، وصدقت رؤيا عاتكة ، وصرع أبو جهل ، ذلك الذي كان يدعي أنه سيكتب كتاباً على بني هاشم أنهم أكذب العرب ، فكانت معركة بدر شهادة على صدق الرؤيا ، وعلى صدق بني المطلب .

عفراء بنت عبيد الأنصارية

هي امرأة أنصارية ، قدّمت يوم بدر أولادها السبعة ليكونوا جنوداً في جيش الإسلام ، إنها عفراء بنت عبيد، تزوجت الحارث بن رفاعه، فولدت له: معاذ بن رفاعة ومعوذ بن رفاعة وعوف بن رفاعة.

ثم تزوجت بكير بن عبد ياليل، فولدت له : خالد بن بكير وإياس بن بكير، وعاقل بن بكير، وعامر بن بكير .

ولمقام هذه السيدة في مجتمع المدينة فقد كان يقال لكل ولد من أولادها ابن عفراء، فقد نسب أولادها إليها لشهرتها ومكانتها ، وكذلك كان يفعل العرب إذا ما اشتهرت عندهم سيدة، نسبوا أولادها إليها .

وقد عدت عفراء من المنجبات ، والمنجبة عند العرب هي المرأة التي شرف لها ثلاثة من البنين فأكثر ، وقد شرفت أبناء عفراء كلهم، بجهادهم واستشهادهم في سبيل الله.

كانت عفراء تحث أولادها على الجهاد، فدفعت بهم إلى بدر ليخوضوا غمارها إلى جانب رسول الله صلى الله عليه وسلم فكانوا فيها أعلاما من أعلام الجهاد ، فاستشهد منهم في بدر ثلاثة : معاذ ومعوذ وعاقل .

وفي يوم الرجيع استشهد خالد .

وفي يوم بئر معونة استشهد عامر .

وفي معركة اليمامة استشهد إياس .

وعرفت عفراء بين المسلمين بـأم الشهداء ، فقد استشهد في سبيل الله ستة من أبنائها السبعة ، وقدر الله لسابعهم عوف بن رفاعه أن يعيش بعد جهاد عريض ، وأن ينجب ليبقى لعفراء في هذه الدنيا عقب من ولدها عوف بن رفاعة.

رحم الله أم الشهداء ، الصحابية الأنصارية المجاهدة ، عفراء بنت عبيد .

غزية بنت جابر العامرية

هذه امرأة من قريش من بني عامر بن لؤي ، غزية بنت جابر بن حكيم العامرية، تزوجت من أبي العكر الدوسي، فأنجبت منه ابنها شريك، فكنيت به.

وفي مطلع الدعوة الإسلامية دخل الإسلام هذا البيت المبارك ، فأسلم أبو العكر ، وأسلمت زوجه أم شريك. ولم يكن إسلام أم شريك تبعا لإسلام زوجها، بل كان إسلامها عن يقين راسخ وإدراك صحيح ، فكانت في الدعوة عضواً نشطاً فاعلاً، فقد أخذت تغشى- بيوت قريش، وتدعو نساءهم إلى الإسلام ، فأسلم على يدها عدد صالح من نساء قريش.

وعندما علمت قريش بهذا النشاط الدعوي لأم شريك، أخذوها وعنفوها، وقالوا لها: لولا قومك لفعلنا بك وفعلنا ، ثم حملوها على بعير وخرجوا بها إلى قوم زوجها، وقد منعوها الطعام والشراب أياماً متتاليات ، حتى فقدت سمعها ، فلم تعد تسمع شيئاً مما يدور حولها ، وعندما أجهدها العطش ، أكرمها الله الكريم بدلو ماء تدلى لها من السماء ، شربت منه ثلاثا حتى رويت ، وصبت منه على وجهها وجسدها حتى انتعشت .

ولما تفقدها آسروها ، أنكروا ما هي عليه من ريّ وانتعاش واتهموها بفك قيدها وشرب مائهم ، فلما حدثتهم بحديثها أنكروه، وعندما تفقدوا ماءهم ووجدوه على حاله لم يمس قالوا لها : إن دينك خير من ديننا ، وأسلموا وأنابوا ، وقدموا على رسول الله صلى الله عليه وسلم بالمدينة مسلمين ، وكان زوجها أبو العكر قد مات ، وغدت أم شريك بلا زوج، فلما قدمت على رسول الله صلى الله عليه وسلم وكانت قد أسنت ، قالت له: يا رسول الله إني أهب نفسي- لك، وأتصدق بها عليك .

قال رسول الله صلى الله عليه وسلم : قد قبلت .وبسبب ما أقدمت عليه من عرض نفسها على رسول الله صلى الله عليه وسلم ليتزوجها، لقبت: بالواهبة، أي التي وهبت نفسها لرسول الله صلى الله عليه وسلم•.

ولأن أم شريك ، المرأة الواهبة ، هي أيضاً صاحبة القصة بنزول الدلو عليها من السماء ، فقد لقبت أيضاً : بصاحبة الدلو .

فاطمة بنت أسد

هي فاطمة بنت أسد بن هاشم بن عبد مناف ، تزوجت ابن عمها أبا طالب بن عبد المطلب بن هاشم ، فولدت له : علي بن أبي طالب وجعفر بن أبي طالب وعقيل بن أبي طالب وابنها البكر طالب بن أبي طالب، ومن النساء ولدت له أم هانئ بنت أبي طالب ، وجمانة بنت أبي طالب ، وريطة بنت أبي طالب .

وعندما توفي عبد المطلب أوصى ابنه أبا طالب برعاية حفيده محمد، فعاش محمد في كنف عمه أبي طالب ، وتحت رعاية زوجه فاطمة بنت أسد، فكانت له نعم الراعية، فقد قامت في رعايته مقام أمه وأحسنت القيام، فقد ورد أن رسول الله صلى الله عليه وسلم قال في حقها :

كانت أمي بعد أمي .

وعندما نزل الوحي على رسول الله صلى الله عليه وسلم ودعا أهل بيته وعشيرته إلى الإسلام، بادرت فاطمة بنت أسد فأسلمت، وشجعت أولادها على الإسلام ، وعندما هاجر المسلمون إلى المدينة هاجرت إليها ، وسكنتها ، وكان رسول الله صلى الله عليه وسلم يعرف لها حقها، ويزورها في بيتها ويكرمها .

كانت فاطمة بنت أسد ملتزمة بإسلامها ، عاملة له ولكن بصمت، وبصبر، دفعت ابنها عليا ليخطب لنفسه فاطمة الزهراء ، فخطبها وتزوجها، فكانت فرحتها بذلك عظيمة ، وعملت ما وسعها العمل على إسعاد هذا البيت الناشئ، وعندما دعاها ابنها علي لتقاسم فاطمة العمل استجابت لذلك دون تردد.

وماتت فاطمة بنت أسد في حياة الرسول صلى الله عليه وسلم وعند غسلها صب الرسول صلى الله عليه وسلم عليها الماء فيه الكافور بيده، وكفنها عليه السلام بقميصه، وألبسها القميص بيده الشريفة، وصلى عليها الرسول صلى الله عليه وسلم وكبر عليها أربعاً، وعندما حفروا لها القبر وبلغوا اللحد، حفر رسول الله صلى الله عليه وسلم بيده، وأخرج التراب بنفسه ، وعندما فرغ من الحفر اضطجع فيه ودعا لها .

وعندما رأى الصحابة ما فعله رسول الله صلى الله عليه وسلم بفاطمة بنت أسد، قالوا : يا رسول الله ، ما رأيناك صنعت بأحد ما صنعت بهذه، قال عليه السلام : إنه لم يكن بعد أبي طالب أعز منها ، إنما ألبستها قميصي لتكسى من حلل الجنة .

هذه هي الصحابية الهاشمية المهاجرة، فاطمة بنت أسد بن هاشم، المؤمنة العاملة، أم أمير المؤمنين علي بن أبي طالب ، والسيدة التي أحبت فاطمة الزهراء ، فعملت على أن تكون زوجة لإبنها ، فلما تزوجت ساعدتها في مهنة بيتها ، وبقيت عاملة لدينها إلى أن توفاها الله -عز وجل - فكافأها الرسول صلى الله عليه وسلم على أعمالها الطيبة بالدعاء لها ، ثم بتكفينها بقميصه الشريف ، رجاء أن تكسى من حلل الجنة .

فاطمة بنت الخطاب
(رضي الله عنهما)

الخطاب هو ابن نفيل بن عبد العزى بن رباح العدوي ، وفاطمة هي أخت عمر بن الخطاب ، وأمها حنتمه بنت هاشم بن المغيرة المخزومي .

تزوجها سعيد بن زيد بن عمرو بن نفيل ، وأسلمت هي وزوجها قبل عمر بن الخطاب ، وقبل دخول رسول اللـه صلى اللـه عليه وسلم دار الأرقم، ، وولدت لسعيد بن زيد ابنه عبد الرحمن .

وكانت قصة إسلام عمر بن الخطاب مرتبطة بفاطمة وزوجها ، فقد خرج يوما متوشحا بسيفه، يريد رسول اللـه صلى اللـه عليه وسلم ورهطا من أصحابه ، فقد اجتمعوا في بيت عند الصفا ، وهم قريب من أربعين بين رجال ونساء ، ومع رسول اللـه صلى اللـه عليه وسلم عمه حمزة بن عبد المطلب وأبو بكر بن أبي قحافة وعلي بن أبي طالب ، فلقيه نعيم بن عبد اللـه ، فقال له، أين تريد يا عمر .

فقال : أريد محمد هذا الصابئ (١٠٣) الذي فرق أمر قريش وسفه أحلامها، وعاب دينها ، وسب آلهتها فأقتله فقال نعيم: و اللـه لقد غرتك نفسك يا عمر ، أترى بني عبد مناف تاركيك تمشي ـ على الأرض وقد قتلت محمداً؟ أفلا ترجع إلى أهل بيتك تقيم أمرهم؟ قال: وأي أهل بيتي؟ قال: ختنك وابن عمك سعيد بن زيد بن عمرو، وأختك فاطمة ، فقد و اللـه أسلما ، وتبعا محمداً على دينه ، فعليك بهما. فرجع عمر مسرعا إلى أخته وزوجها ، فوجد عندهما خباب بـن الأرت يعلمهما القرآن الكريم ، فلما سمع خباب صوت عمر فرّ منه مختبأ، فلما دخل قال : ما هذه الهمهمة(١٠٤) التي سمعت ؟ قالا له ؟ ما سمعت شيئاً، قال: بلى و اللـه لقد أخبرت أنكما اتبعتما محمداً على دينه، وبطش بسعيد بـن زيد، فحاولت فاطمة أن تبعده عن زوجها ، فضربها فشجها، عند ذلك قالت له أخته : نعم قد أسلمنا وآمنا باللـه ورسوله، فاصنع ما بدا لك .

فلما رأى عمر ما بأخته ـ من الدم ـ ندم على فعله، وقال لهـا: اعطني هـذه الصحيفـة التـي سمعتكم تقرؤون آنفا، أنظر ما هذا الذي جاء به محمد .

فقالت له فاطمة : إنا نخشاك عليها ، قال: لا تخافي وحلف لها بآلهته ليردنها إذا قرأها ، فطمعت في إسلامه، فقالت له: يا أخي إنك نجس على شركك ، وإنه لا يمسه إلا المطهرون ، فقام عمر فاغتسل ، فأعطته الصحيفة، وفيها (طه) ، فقرأها ، فلما قرأ منها صدراً قال: ما احسن هذا الكلام وأكرمه .

فلما سمع ذلك خباب (الذي كان يعلمهما القرآن ، فاختبأ حين دخل عمر) خرج إليه قال: و الله يا عمر، إني لأرجو أن يكون الله قد خصك بدعوة نبيه ، فإني سمعته أمس وهو يقول : " اللهم أيد الإسلام بأبي الحكم ابن هشام أو بعمر بن الخطاب ".

فقال عمر: فدلني يا خباب على محمد حتى آتيه مسلما، فقال له خباب: هو في بيت عند الصفا مع نفر من أصحابه، فأخذ عمر سيفه، فتوشحه ثم عمد إلى رسول الله صلى الله عليه وسلم وأصحابه فضرب عليهم الباب ، وقام رجل من أصحاب الرسول صلى الله عليه وسلم

فنظر من فرجة من الباب فرآه متوشحاً بالسيف، فرجع إلى الرسول عليه السلام فأخبره بما رأى ، فقال حمزة بن عبد المطلب : تأذن له فإن كان يريد خيراً بذلناه له، وإن كان يريد شراً قتلناه بسيفه .

فقال رسول الله صلى الله عليه وسلم : أذنت له: ونهض إليه حتى لقيه، فأخذ يجمع ردائه ، ثم جذبه جذبةً شديدة، وقال: ما جاء بك يا ابن الخطاب ؟ فو الله ما أرى أن تنتهي حتى ينزل الله بك قارعة.

فقال عمر : يا رسول الله ، جئتك لأومن بالله ورسوله وبما جاء من عند الله .

هذه قصة إسلام عمر بن الخطاب -رضي الله عنه -.

وروي عن فاطمة بنت الخطاب أنها سمعت رسول الله صلى الله عليه وسلم يقول : " لا تزال أمتي بخير ما لم يظهر حب الدنيا، في علماء فساق، وقراء جهال، وجبابره، فإذا ظهرت خشيت أن يعمهم الله العقاب ".

فاطمــة الزهـــراء

(رضي الله عنها)

هي فاطمة بنت رسول الله صلى الله عليه وسلم سيدة نساء العالمين في زمانها، والجهة المصطفوية بنت سيد الخلق رسول الله صلى الله عليه وسلم أبي القاسم محمد بن عبد الله بن عبد المطلب بن هاشم بن عبد مناف القرشية الهاشمية . أمها خديجة بنت خويلد بن أسد بن عبد العزى بن قصي (١٠٥) .

ولدت وقريش تبني البيت ، وذلك قبل النبوة بخمس سنين (١٠٦) .

قال ابن عبد البر- والذي تسكن إليه النفس على ما تواترت به الأخبار في ترتيب بنات الرسول صلى الله عليه وسلم أن زينب الأولى، ثم الثانية رقية، ثم الثالثة أم كلثوم ثم الرابعة فاطمة الزهراء (١٠٧) .

وعندما بلغت فاطمة الخامسة من عمرها نزل الوحي على أبيها ، وبدأت مسيرة الإسلام من البيت الذي هي عضو من أعضائه وأصبحت الزهراء مسلمة وهي في هذا السن الصغير ، وواكبت مسيرة الإسلام منذ أيامه الأولى .

كانت الزهراء مقربة إلى أبيها وكانت أشبه الناس به حتى كناها المسلمون: أم أبيها .

لقد مرت بها حوادث قاسية، وهي ماتزال طفلة صغيرة، فقد رأت أباها ، وهو يسجد لله -عز وجل - بجوار الكعبة، فيلقي عدو الله (عقبة بن أبي معيط) على ظهره وهو ساجد ، أمعاء منتنة فيستمر - عليه السلام - في صلاته، وتتقدم الطفلة فترفع ما ألقي على ظهر أبيها ، وهي متألمة حزينة .

ثم ينهي رسول الله صلى الله عليه وسلم صلاته، ويرفع يديه إلى السماء، ويجهر بالدعاء على المشركين، أعداء الله .

زواجها من علي بن أبي طالب - كرم الله وجهه- :

إن أبا بكر خطب فاطمة إلى النبيصلى الله عليه وسلم فقال: "يا أبا بكر انتظر بها القضاء " فذكر ذلك ابو بكر لعمر ، فقال له عمر : ردّك يا أبا بكر .

ثم إن أبا بكر قال لعمر: اخطب فاطمة إلى النبي صلى الله عليه وسلم فخطبها فقال له مثل ما قال لأبي بكر "انتظر بها القضاء " ، فجاء عُمر إلى ابي بكر فأخبره فقال له : ردك يا عمر .

وكانت فاطمة رفيعة المقام في نفسها وبين المسلمات من جنسها وبين المسلمين عامه ، وهي أولاً وأخيراً رفيعة المقام عند أبيها رسول رب العالمين .

ثم إن أهل علي قالوا لعلي: أخطب فاطمة إلى رسول الله صلى الله عليه وسلم فقال: بعد أبي بكر وعمر؟ فذكروا له قرابته من النبي صلى الله عليه وسلم فخطبها فزوجه النبي صلى الله عليه وسلم فباع علي بعيراً له وبعض متاعه فبلغ أربعمائة وثمانين .

فقال له النبي صلى الله عليه وسلم :"اجعل ثلثين في الطيب وثلثاً في المتاع " .

ولما أراد علي أن يبني بها، قال له النبي صلى الله عليه وسلم قدم شيئا، قال: ما أجد شيئا ، قال عليه السلام : فأين درعك الخطمية التي كنت منحتك قال: عندي ، قال: اصدقها إياها ، فأصدقها وتزوجها .

وروي أن نفراً من الأنصار قالوا لعلي : عندك فاطمة ، فأتى رسول الله صلى الله عليه وسلم فسلم عليه ، فقال صلى الله عليه وسلم : "ما حاجه ابن أبي طالب" ؟

قال: يا رسول الله ذكرت فاطمة بنت رسول الله صلى الله عليه وسلم فقال: مرحبا وأهلا" لم يزد عليها، فخرج علي بن أبي طالب على أولئك الرهط من الأنصار ينتظرونه ، فقالوا: ما ورائك؟ قال: ما أدري غير أنه. قال لي: "مرحبا وأهلاً " قالوا: يكفيك من رسول الله صلى الله عليه وسلم إحداهما ، أعطاك الأهل والمرحب .

فلما كان بعدما زوجه قال : " ياعلي إنه لابد للعروس من وليمة " قال سعد: عندي كبش ، وجمع له من الأنصار أصواعا من ذرة ، فلما كانت ليلة البناء قال: ؟ لا تحدث شيئاً حتى تلقاني ؟ فدعا رسول الله صلى الله عليه وسلم بماء فتوضأ منه ثم أفرغه عليّ فقال:

"اللهم بارك فيهما وبارك لهما في بنائهما " .

وقد جاء عند ابن سعد: "اللهم بارك فيهما وبارك عليهما وبارك لهما في نسلهما"(١٠٩) .

عن أسماء بنت عميس قالت: كنت في زفاف فاطمة رضي الله عنها - بنت رسول الله صلى الله عليه وسلم فلما أصبحت جاء النبي صلى الله عليه وسلم فضرب الباب فقامت إليه أم أيمن ففتحت له الباب ، فقال لها : " يا أم أيمن ادعي لي أخي " .

فقالت: أخوك هو - أي كلمة يمانية- وتنكحه ابنتك؟

قال : " يا أم أيمن ادعي لي " فسمعت النساء صوت النبي صلى الله عليه وسلم فتحشمن (١١٠) .

فجلس في ناحية ، ثم جاء علي -رضي الله عنه - فدعا له، ثم نضح عليه من الماء ثم قال: " ادعو لي فاطمة " فجاءت وهي عرقة من الحياء ، فقال " اسكني فقد أنكحتك أحب أهل بيتي إلي " ودعا لها دعاء بماء فنضحه عليها .

ثم خرج فرأى سواداً ! فقال : "من هذا "

قالت : أسماء .

قال: "ابنة عميس " ؟

قلت: نعم.

قال : " أكنت في زفاف بنت رسول الله صلى الله عليه وسلم تكرمينه"؟

قلت : نعم -فدعا لي (١١١) .

وقيل إن علي بن أبي طالب تزوج فاطمة بنت رسول الله صلى الله عليه وسلم• ، في رجب بعد مقدم النبي صلى الله عليه وسلم المدينة بخمس أشهر وبنى بها بعد مرجعه من بدر، وفاطمة يوم بنى بها علي بنت ثماني عشرة سنة (١١٢) .

لما قدم رسول الله صلى الله عليه وسلم المدينة نزل على أبي أيوب سنة أو نحوها ، فلما تزوج علي فاطمة قال لعلي : " اطلب منزلا " .

فطلب علي منزلا فأصابه مستأخراً عن النبي صلى الله عليه وسلم   قليلاً فبنى بها فيه فجاء النبي صلى الله عليه وسلم إليها فقال : " اني أريد أن أحولك إلي" فقالت لرسول الله: فكلم حارثة بن

النعمان أن يتحول عني .

فقال رسول الله : " قد تحول حارثة عنا حتى قد استحييت منه " .

فبلغ ذلك حارثة فتحول وجاء إلى النبي صلى الله عليه وسلم فقال: يا رسول الله إنه بلغني أنك تحول فاطمة إليك ، وهذه منازلي وهي أسقب (١١٣) بيوت بني النجار بك، وإنما أنا ومالي لله ولرسوله ، و الله يا رسول الله المال الذي تأخذ مني أحب إلي من الذي تدع، فقال رسول الله صلى الله عليه وسلم :"صدقت بارك الله عليك " فحولها رسول الله إلى بيت حارثة (١١٤) . وولدت فاطمة لعلي ، الحسن، والحسين، وأم كلثوم ، وزينب ولم يتزوج علي غيرها حتى ماتت .

وزاد ابن إسحاق في أولاد فاطمة من علي : مُحسنا ، قال : ومات صغيراً . وزاد الليث بن سعد : رقية ، قال: وماتت ولم تبلغ .

وروى ابن سعد ، عن علي أن رسول الله صلى الله عليه وسلم لما زوجه فاطمة بعث معها بخملة ووسادة وأدم حشوها ليف ورياحين (١١٥) وسقاء وجرتين، قال فقال علي لفاطمة ذات يوم : و الله لقد سنوت(١١٦) حتى قد اشتكيت صدري وقد جاء الله أباك بسبي فاذهبي فاستخدميه .

فقالت: وأنا و الله قد طحنت حتى حجلت يداي ، فأتت النبي صلى الله عليه وسلم فقال : " ما جاء بك يا بنية "؟

قالت: استحييت أن أسأله.

فأتياه جميعا فقال علي : و الله يا رسول الله لقد سنوت حتى اشتكيت صدري ، وقالت فاطمة : قد طحنت حتى مجلت يداي وقد أتى الله بسبي وسعه فاخدمنا .

قال : "و الله لا أعطيكما وأدع أهل الصفة تطوى بطونهم لا أجد ما انفق عليهم ولكني أبيعهم وانفق عليهم أثمانهم "

فرجعا فأتاهما النبي صلى الله عليه وسلم وقد دخلا في قطيعتهما إذ غطيا رؤوسهما تكشفت أقدامهما وإذا غطيا أقدامهما تكشفت رؤوسهما فثارا ، فقال النبي صلى الله عليه وسلم : "مكانكما ،

إلا أخبركما بخير مما سألتماني "؟

فقالا: بلى، فقال: كلمات علمنيهن جبريل: تسبحان الـلـه في دبر كل صلاة عشراً وتحمدان عشراً وتكبران عشراً: وإذا أويتما إلى فراشكما فسبحا ثلاثاً وثلاثين ، واحمدا ثلاثا وثلاثين وكبرا أربعا وثلاثين" قال علي : فوالـلـه ما تركتهن منذ علمنيهن رسول الـلـه صلى الـلـه عليه وسلم .

فضلها ومقامها بين نساء الأمة :

عن السيدة عائشة – رضي الـلـه عنها - قالت : اجتمع نساء النبي صلى الـلـه عليه وسلم فلم يغادر منهن امرأة ، فجاءت فاطمة تمشي كأن مشيتها مشية رسول الـلـه صلى الـلـه عليه وسلم فقال : "مرحبا يا بنيتي" فأجلسها عن يمينه أو عن شماله، ثم أنه أسر إليها حديثاً فبكت فاطمة، ثم أنه سارها فضحكت أيضاً.

فقلت لها : ما يبكيك ؟

فقالت : ما كنت لأفشي سر رسول الـلـه صلى الـلـه عليه وسلم .

فقلت: ما رأيت كاليوم فرحا أقرب من حزن، فقلت لها حين بكت، أخصك رسول الـلـه صلى الـلـه عليه وسلم بحديثه دوننا ثم تبكين؟ وسألتها عما قال .

فقالت : ما كنت لأفشي سر رسول الـلـه صلى الـلـه عليه وسلم حتى إذا قبض سألتها فقالت: إنه كان حدثني "إن جبريل كان يعارضه بالقرآن كل عام مرة ، وإنه عارضه به في العام مرتين ، ولا أراني إلا قد حضر أجلي وإنك أول أهلي لحوقا بي ، ونعم السلف أنا لك " فبكيت لذلك .

ثم إنه سارني فقال: "إلا ترضين أن تكوني سيدة نساء المؤمنين، أو سيدة نساء هذه الأمة ؟ " فضحكت لذلك .

وعن السيدة عائشة – رضي الـلـه عنها – قالت :

ما رأيت أحدا أشبه برسول الـلـه صلى الـلـه عليه وسلم في قيامها وقعودها ، من فاطمة بنت رسول الـلـه صلى الـلـه عليه وسلم .

قالت : وكانت إذا دخلت على النبي صلى الـلـه عليه وسلم قام إليها فقبلها وأجلسها في مجلسه ، وكان النبي صلى الـلـه عليه وسلم إذا دخل عليها قامت من مجلسها فقبلته، وأجلسته في مجلسها .
فلما مرض النبي صلى الـلـه عليه وسلم دخلت فاطمة فاكبت عليه فقبلته، ثم رفعت رأسها فبكت ، ثم أكبت عليه ثم رفعت رأسها فضحكت .
فقلت : إن كنت لأظن أن هذه من أعقل نسائنا، فإذا هي من النساء .
فلما توفي النبي صلى الـلـه عليه وسلم قلت لها : " أرأيت حين أكببت على النبي صلى الـلـه عليه وسلم فرفعت رأسك فبكيت ثم أكببت عليه فرفعت رأسك فضحكت ، ما حملك على ذلك ؟
قالت : أخبرني أنه ميت من وجعه هذا فبكيت، ثم أخبرني أني أسرع أهله لحوقاً به ، فذاك حين ضحكت ولما مات قالت: يا أبتاه، أجاب :

رباه دعاهُ، يا أبتاه من جنة الفردوس مأواه يا أبتاه إلى جبريل ننعاه .

ويروى أن قريشاً أهمتهم المرأة المخزومية التي سرقت فقالوا: من يكلم رسول الـلـه صلى الـلـه عليه وسلم ومن يجتري عليه إلا أسامة حبُ رسول الـلـه صلى الـلـه عليه وسلم ؟ فكلم رسول الـلـه صلى الـلـه عليه وسلم فقال : " أتشفع في حد من حدود الـلـه ؟ " ثم قام فخطب فقال : " يا أيها الناس إنما أضل من كان قبلكم ، أنهم كانوا إذا سرق الشريف تركوه ، وإذا سرق الضعيف أقاموا عليه الحد، وأيم الـلـه لو أن فاطمة بنت محمد سرقت لقطع محمد يدها " .
وأما المرأة المخزومية ، فهي فاطمة بنت الأسود بن عبد الأسد بن عبد الـلـه بن عمرو بن مخزوم، وهي بنت أخي بي سلمة بن عبد الأسد الصحابي الجليل، الذي كان زوج أم سلمة رضي الـلـه عنها قبل النبي صلى الـلـه عليه وسلم قتل ابوها كافرا يوم بدر، قتله حمزة بن عبد المطلب وهي التي قطع رسول الـلـه صلى الـلـه عليه وسلم يدها لأنها سرقت حُليا(١١٧) .

وإنما خص رسول الـلـه صلى الـلـه عليه وسلم فاطمة ابنته بالذكر لأنها أعز أهله عنده، ولأنه لم يبق من بناته حينئذ غيرها ، فأراد المبالغة في إتيان إقامة الحد على كل مكلف وترك المحاباة في ذلك ، لأن اسم السارقة واقف اسمها عليها السلام فتناسب أن

يضرب المثل بها ، وقال الليث بن سعد : أعاذها الله -عز وجل - أن تسرق يريد فاطمة بنت النبي صلى الله عليه وسلم وكل مسلم ينبغي له ان يقول ذلك.

وقد كان النبي صلى الله عليه وسلم يحبها ويكرمها ويسر إليها ومناقبها غزيرة وكانت صابرة ، دينة خيرة قانعة شاكرة لله(١١٨) .

وقد روت عن أبيها صلى الله عليه وسلم وروى عنها ابنها الحسن وعائشة وأم سلمة وأنس بن مالك وغيرهم وروايتها في الكتب والسنة .

وروي عنها أنها قالت : كان رسول الله صلى الله عليه وسلم إذا دخل المسجد قال : " بسم الله والسلام على رسول الله ، اللهم اغفر لي ذنوبي، وافتح لي أبواب رحمتك" وإذا خرج قال : "بسم الله، والسلام على رسول الله، اللهم اغفر لي ذنوبي، وافتح لي أبواب فضلك " .

وفاتها :

قالت سلمى ، خادم رسول الله صلى الله عليه وسلم : مرضت فاطمة بنت رسول الله، فلما كان اليوم الذي توفيت فيه قالت لي: يا أمة، اسكبي لي غسلاً، فسكبت لها ، فاغتسلت كأحسن ما كانت تغتسل ، ثم قالت ائتني بثيابي الجدد، فأتيتها بها، فلبستها، ثم قالت اجعلي فراشي وسط البيت، فجعلته ، فاضطجعت عليه، واستقبلت القبلة ، ثم قالت لي ، يا أمة إني مقبوضة الساعة، وقد اغتسلت ، فلا يكشفن لي كنفاً . قالت: فماتت- فجاء عليّ فأخبرته ، فقال : لا و الله لا يكشف لها أحد كنفاً ، فاحتملها فدفنها بغسلها ذلك .

توفيت الزهراء، رضي الله عنها ليلة الثلاثاء ، لثلاث خلون من شهر رمضان، سنة إحدى عشر ، وهي ابنة تسع وعشرون سنة أو نحوها (١١٩) .

وصلى عليها العباس بن عبد المطلب وعلي والفضل بن عباس رضي الله عنهم جميعاً، ودفنت ليلا بالبقيع . وهكذا كانت فاطمة أول أهل بيت رسول اللهصلى الله عليه وسلم لحوقا به، كما بشرها الحبيب المصطفى – عليه الصلاة والسلام - .

فاطمة بنت قيس

هي أخت الضحاك بن قيس، وأمها أميمة بنت ربيعة، تزوجها أبو عمر ابن حفص بن المغيرة المخزومي ، ثم طلقها البتة، وهو غائب ، فأرسل إليها وكيله عياش بن أبي ربيعة بشعير، فتسخطه، فقال : و الله مالك علينا من شيء، فجاءت رسول الله صلى الله عليه وسلم تشكوه ، فقال لها: ليس لك عليه نفقة، وأمرها ان تعتد في بيت أم شريك، ثم قال : تلك المرأة يغشاها أصحابي ، اعتدّي عند ابن أم مكتوم فإنه رجل أعمى تضعين ثيابك فإذا حللت فآذنيني.

قالت : فلما حللت ، ذكرت له أن معاوية بن أبي سفيان، وأبا جهم بن حذيفه، خطباني ، فقال رسول الله صلى الله عليه وسلم أما أبو جهم فلا يضع عصاه عن عاتقه، وأما معاوية فصعلوك، لا مال له، ولكن انكحي أسامة ، فكرهته .

فقال: انكحي أسامة، فنكحته، فجعل الله فيه خيراً واغتبط به .

وروي انه لما حل أجلها ، خطبها معاوية وأبو جهم وأسامة، فقال رسول الله صلى الله عليه وسلم : "أما معاوية فعائل، لا مال له ، وأما أبو جهم فلا يضع عصاه عن عاتقه ، أين أنتم من أسامة"؟

فكأن أهلها كرهوا ذلك ، فقالت: لا أنكح إلا الذي قال عنه رسول الله صلى الله عليه وسلم. ويقال أنها كانت أكبر من الضحاك بعشر سنين وكانت من المهاجرات الأوائل، وكانت ذات جمال وعقل وكمال ، وفي بيتها اجتمع أصحاب الشورى عندما قتل عمر بن الخطاب -رضي الله عنه- وخطبوا خطبتهم المأثورة .

وروى عنها جماعة منهم- الشعبي والنخعي وأبو سلمة .

رحم الله الصحابية الجليلة، المؤمنة المهاجرة، العالمة المحدثة ، التي عرف لها كبار الصحابة مقامها، فاختاروا بيتها لمشورتهم في أعظم أمر يهم المسلمين وهو أمر الخلافة .

فاطمـة بنت الوليد

هي فاطمة بنت الوليد بن المغيرة المخزومي، وكان الوليد يلقب بالوحيد وبريحانة قريش وكان من أكابر قريش وأكثرهم مالاً وولداً، وقد عاند وكابر ولم يسلم ومات كافراً.

ولأن الله يخرج الحي من الميت فقد اسلم من أبنائه : خالد بن الوليد والوليد بن الوليد وفاطمة بنت الوليد .

تزوجت فاطمة بنت الوليد ابن عمها الحارث بن هشام المخزومي وكان سيدا من سادات قريش ومن المقربين الى قلوب الناس، ولم يسلم الحارث ولا امرأته فاطمة وبقيا معاندين حتى فتح الله مكة على رسوله، فأسلمت فاطمة ، وبايعت رسول الله صلى الله عليه وسلم وأسلم زوجها وقد شهد المحدثون والمؤرخون وأهل السير بحسن إسلام الحارث وفاطمة وقد خرج الحارث بأهله الى الشام مجاهدا وبقي في جهاده إلى أن استشهد .

وولد لفاطمة بنت المغيرة من زوجها الحارث بن هشام مولودان عبد الرحمن وأم حكيم، وكان يقال لعبد الرحمن – الشريد.

وكانت فاطمة مقربة إلى أخيها خالد بن الوليد سيف الله المسلول وكانت موضع استشارته يستشيرها فيما يطرأ من أمور، وبخاصة ما كان يتعلق بالأمور الأسرية .

تزوج عكرمة بن أبي جهل من ابنة فاطمة ، أم حكيم بنت الحارث بن هشام ، وبعد استشهاده تزوجها خالد بن سعيد بن العاص ، ثم تزوجها عمر بن الخطاب فولدت له فاطمة بنت عمر .

أما عبد الرحمن بن الحارث فقد تزوج فاخته بنت سهيل بن عمرو التي كانت تدعى الشريده، فقد روي عن عمر بن الخطاب أنه قال زوجوا الشريد الشريدة لعل الله أن ينشر منهما خيراً.

كانت فاطمة حسنة الإسلام ، حريصة على أن تلتزم بمبادئه وبخاصة ما سمعته منها من رسول الله صلى الله عليه وسلم فقد كانت وهي بالشام تلبس ثياب الخز وتلبس فوقها الإزار ، فلما سألها نساء المسلمين: إلا يغنيك لبس الثياب عن لبس الإزار، قالت: سمعت رسول الله صلى الله عليه وسلم يأمر بالإزار .

وهذه الإشارة من فاطمة تعني شيئاً واحداً وهو حرصها الشديد على طاعة رسول الله صلى الله عليه وسلم ، فما دامت سمعته بنفسها يأمر بلبس الإزار، فإنها متمسكة بذلك، رغم أنها تلبس من الثياب ما يغني عن الإزار .

الفريعة بنت مالك

الفريعة بنت مالك بن سنان الخدري ، صحابية جليلة من المسلمات المبايعات، أخوها أبو سعيد الخدري أحد كبار الصحابة المشهورين ، أمها أنيسة بنت أبي خارجة الخزرجية الأنصارية، وأخوها لأمها قتادة بن النعمان الصحابي المشهور الذي سالت عينه على خده في معركة أحد ، فردها رسول الله صلى الله عليه وسلم بيده الشريفة، فعادت كما كانت، وغدت افضل عينيه، وكانت الفريعة حريصة على الخروج مع رسول الله صلى الله عليه وسلم في غزواته ونالت في هذا الخروج خيراً كثيراً وأعظم ما نالته مبايعتها الرسول صلى الله عليه وسلم تحت الشجرة بيعة الرضوان .

تزوجت الفريعة من سهل بن رافع من بني الحارث من الخزرج من الأنصار، كان له عدد من العبيد، فهربوا منه، فخرج يطلبهم في مكان يقال له طرف القدوم ، فأبوا أن يعودوا واعتدوا عليه فقتلوه .

ولم يكن لزوجها مسكن ولم يكن لديه ما ينفق عليها، ولم يكن قد رزق منها بالولد، فذهبت إلى رسول الله صلى الله عليه وسلم فطلبت منه ان يأذن لها لتلحق باخوتها ودارها فأذن لها رسول الله صلى الله عليه وسلم بذلك.

قالت الفريعة: فانصرفت اريد الخروج ، فلما كنت في وسط الحجرة دعاني رسول الله صلى الله عليه وسلم وامرني أن أعيد عليه قولي ، فلما أعدت عليه قولي أمرني ألا أغادر مسكني الذي أتاني فيه موت زوجي حتى يبلغ الكتاب أجله .

وأطاعت الفريعة أمر رسول الله صلى الله عليه وسلم واعتدت في البيت الذي أتاها فيه نبأ موت زوجها .

وكانت سُنّة رسولنا الكريم في لزوم المرأة التي يتوفى عنها زوجها البيت الذي بلغها فيه نبأ موته وقد عرفت عن طريق الفريعة التي قيل لها بعد ذلك المعتدّة .

وفي خلافة ذي النورين عثمان بن عفان (رضي الله عنه) عرضت عليه امرأة توفي عنها زوجها، ورغبت في الانتقال إلى بيت أهلها لتعتد فيه، فأذن لها،

فذكر له بعض الصحابة قصة الفريعة، فاستدعاها إليه وسألها عن قول رسول اللـه لهـا، فأخبرته أنـه أمرها ان تلتزم البيت الذي جاءها فيه موت زوجها حتى يبلغ الكتاب أجلـه(أي حتـى تنقضي ـ عـدتها) فأرسل عثمان إلى المرأة التي توفي عنها زوجها، فأمرها إلا تبرح بيتها حتى يبلغ الكتاب أجله .

ومضت سنة المعتدة المتزوجة مرتبطة بهذه الصحابية الجليلة ، الفريعة بنت مالك الخدري رضي اللـه عنها وأرضاها .

الفريعة بنت وهب الزهرية

زهرة بن كلاب هو أخو مضي بن كلاب ، ومضي هو مجمع قريش وباقي أمجادها، ولد زهرة ابنة مناف ، وولد عبد مناف ابنة وهب ، وولد وهب ابنة آمنة أم رسول الله صلى الله عليه وسلم .

ولآمنة أخت اسمها الفريعة، أسلمت وهاجرت إلى المدينة ويروى ان رسول الله صلى الله عليه وسلم رفعها بيده الشريفة وقال لمن حوله:" من أراد أن ينظر الى خالة رسول الله فلينظر إلى هذه " .

لقد كانت الفريعة بنت وهب خالة الرسول نسبا، ولما رفعها وافتخر بها صارت خالته لقبا، وذلك تشريف لها ، افتخار رسول الله صلى الله عليه وسلم بها يدل على أنها كانت أهلاً لذلك، فكان الناس إذا أشاروا إليها قالوا : هذه خالة رسول الله ، تكريما لها وتعظيما لشأنها .

قيلة بنت مخرمة التميمية

قيلة سيدة من بني تميم ، بليغة فصيحة اللسان ، جاءتها البلاغة والفصاحة من أمها صفية بنت صيفي أخت اكثم بن صيفي حكيم العرب في الجاهلية .

تزوجت قيلة من حبيب بن أزهر ، فولدت له عدداً من البنات، ثم توفي عنها، فجاء أخوه أثوب بن أزهر فانتزع البنات منها، ولم يجد توسلها إليه في إعادة بناتها إليها.

خرجت قيلة مهاجرة إلى رسول الله صلى الله عليه وسلم فنزلت في طريقها عند أخت لها متزوجة في بني شيبان، وطلبت من زوج أختها أن يطلب لها صحبة تسير معهم إلى رسول الله صلى الله عليه وسلم فاهتدت إلى صاحب صدوق هو حريب بن حسان الشيباني ، وقد كان حريب متوجها إلى المدينة ليبايع رسول الله صلى الله عليه وسلم على الإسلام في وفد من قومه، فلما عرضت عليه أن تصاحبه قال لها : نعم وكرامه .

ووصل ركب حريب بن حسان ومعه قيلة إلى مسجد رسول الله صلى الله عليه وسلم في صلاة الفجر ، تقول قيلة: قدمنا على رسول الله صلى الله عليه وسلم وهو يصلي بالناس صلاة الغداة، قد أقيمت حين شق الفجر، والنجوم شابكة في السماء ، والرجال لا تكاد تعارف مع ظلمة الليل .

وبعد انصراف الناس من صلاتهم خلف رسول الله صلى الله عليه وسلم تقدم حريب فسلم على رسول الله صلى الله عليه وسلم وتقدمت قيلة فجلست غير بعيد من رسول الله صلى الله عليه وسلم تقول قيلة: فلما رأيت رسول الله صلى الله عليه وسلم أرعدت من الفرق ، فقال أحد جلساء الرسول : يا رسول الله، أرعدت المسكينة .

فأشار رسول الله صلى الله عليه وسلم بيده، ولم ينظر إلي، وأنا جالسة عند ظهره أو قال: يا مسكينة عليك السكينة، فلما قالها أذهب الله ما كان في قلبي من الرعب ، وتقدم صاحبي حريب فبايعه على الإسلام وعلى قومه ، ثم قال: يا رسول الله، اكتب بيننا وبين بني تميم بالدهناء، لا يجاوزنها إلينا ، إلا مسافرا أو مجاوزاً.

فقال عليه السلام: اكتب له يا غلام بالدهناء .

قالت قيلة: فلما رأيته قد أمر له بها، شخص بي وهي وطني وداري ، فقلت: يا رسول الله إنه لم يسألك السوية من الأرض، إذ سألك، إنما هي السعناء ، مقيد الجمل، ومرعى الغنم ونساء بني تميم وأبناؤها وراء ذلك.

فقال عليه السلام – أمسك يا غلام – صدقت المسكينة – المسلم أخو المسلم – يسعهما الماء والشجر .

ولما رأى جريب أنه قد حيل دون كتابه، ضرب بيديه أحدهما على الأخرى ، ثم قال: كنت أنا دانت كما قيل : حتفها يظلفها يحترصان !

فقلت: أنا و الله ما علمت ، إن كنت لنا ليلاً في الظلماء ، جواداً أيدي الرجال، عفيفا عن الرفيقة ، حتى قدمنا على رسول الله صلى الله عليه وسلم ولكن لا تلمني أن أسأل حظي إذا سألت حظك !

فقال : وما حظك في الدهناء ولا أبا لك!

فقلت: مقيد جملي تسأله الجمل امرأتك.

فقال: لا جرم أشهد رسول الله صلى الله عليه وسلم أني لك لا أزال أخا ما حييت ، إذا أثنيت علي بما أثنيت عند رسول الله صلى الله عليه وسلم .

فقلت : أما إذ بدأتها – فلن أضيعها (تعني الأخوة) .

وسر رسول اللهصلى الله عليه وسلم بما رأى من فصاحة قيلة- ومن وفائها لنساء قومها، فأمر أن يكتب لها في قطعة أديم أحمر، لقيلة والنسوة نبأ قيلة، بان لا يظلمن حقاً، ولا يكرهن على منكر، وكل مؤمن مسلم لهن نصير حسن .

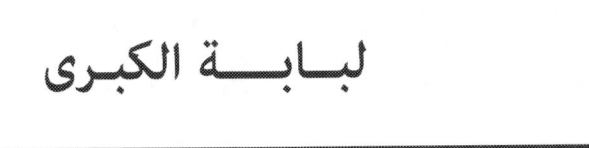

لبـابـة الكبرى

هي أم الفضل امرأة العباس بن عبد المطلب، ابنة الحارث الهلالية، وأمها هند، وهي خولة بنت عوف ، ينتهي نسبها إلى جَرش.

وكانت أم الفضل أول امرأة أسلمت بمكة (بعد خديجة بنت خويلد رضي الله عنها) وكان رسول اللهصلى الله عليه وسلم يزورها ويقيل في بيتها .

روي عن أبن عباس عن النبي صلى الله عليه وسلم أنه قال : "الأخوات الأربع مؤمنات: أم الفضل وميمونة وأسماء وسلمى".

فأما ميمونة فهي أم المؤمنين ، وهي شقيقة أم الفضل، وأما أسماء وسلمى فاختاها من أبيها، وهما بنتا عميس الخثعمية، وقد تزوج العباس بن عبد المطلب أم الفضل، فولدت له : الفضل وعبد الله ، وعبيد الله ، ومعبدا ، وقثم، وعبد الرحمن، وأم حبيب ، لذلك تعد من المنجبات .

وهاجرت أم الفضل إلى المدينة بعد إسلام العباس بن عبد المطلب قالت أم الفضل : يا رسول الله رأيت فيما يرى النائم كأن عضواً من أعضائك في بيتي، قال: خيراً رأيت، تلد فاطمة غلاماً وترضعيه بلبان ابنك قثم، فولدت الحسين، فكفلته أم الفضل، قالت: فأتيت به رسول اللهصلى الله عليه وسلم فهو ينزيه ويقبله إذ بال على رسول الله صلى الله عليه وسلم فقال: يا أم الفضل امسكي ابني فقد بال عليّ ، قالت: فأخذته فقرصته قرصة بكى منها ، وقلت : آذيت رسول الله ، بلت عليه، فلما بكى الصبي ، قال : يا أم الفضل ، آذيتني في بني أبكيته، ثم دعا بماء فحدره عليه ، ثم قال : إذا كان غلاما فاحدروه حدراً، وإذا كان جارية فاغسلوه غسلاً".

وفي رواية أخرى ، بعد أن بال الصبي على ثوب رسول الله صلى الله عليه وسلم قالت له أم الفضل : اخلع إزارك والبس ثوبا غيره كيما أغسله، فقال النبي صلى الله عليه وسلم :"إنما ينضح بول الغلام، ويغسل بول الجارية" .

وفي الصحيح أن الناس شكّوا في صيام النبي صلى الله عليه وسلم يوم عرفة ، فأرسلت إليه أم الفضل بقدح لبن ، فشرب وهو بالموقف ، فعرفوا أنه لم يكن صائماً.

وكان يقال لوالدة أم الفضل، العجوز الجرشية، أكرم الناس أصهارا، ابنتها ميمونة زوج النبي صلى الله عليه وسلم وابنتها لبابة الكبرى(أم الفضل) زوج العباس ، وابنتها أسماء تزوجها جعفر بن أبي طالب، ثم تزوجها بعده أبو بكر الصديق ، ثم تزوجها بعده علي .

خرجوا لأم الفضل في الكتب الستة، ولها في مسند بغي بن مخلد ثلاثون حديثاً ، واتفق البخاري ومسلم لها على حديث واحد وآخر عند البخاري وثالث عند مسلم .

وقد حدث عنها ولداها: عبد الله، وتمام، وكذلك انس بن مالك وعبد الله ابن الحارث ، وغيرهم ، ويرجح ان وفاتها كانت في خلافة عثمان -رضي الله عنه- .

ليلى بنت أبي حثمة

من أقدم النساء إسلاماً في مكة ليلى بنت أبي حثمه العدوية، فقد أسلمت مع زوجها عامر بن ربيعة العنزي حليف الخطاب بن نفيل العدوي، والد عمر بن الخطاب، وبسبب اشتداد الأذى الواقع على من أسلم في مكة ، فقد أذن رسول اللـه صلـى اللـه عليـه وسلم للمسلمين المستضعفين بالهجرة إلى الحبشة.

وهاجرت ليلى مع زوجها إلى الحبشة مرتين، وعادت إلى مكة عندما أشيع أن أهلهـا أسلمـوا ، وانتهت المعاناة فيها لمن أسلم .

روت ليلى بنت أبي حثمه حادثـة عمـر بـن الخطاب، قالت : و اللـه إنـا لنرتحل إلى أرض الحبشة، وقد ذهب زوجي عامر بن ربيعة في بعض حاجاتك، اذ أقبل عمـر بـن الخطاب، وكان أشـد الناس على من أسلم حتى وقف عندي وقال: إنه للانطلاق يا أم عبد الله ؟

فقلت: نعم و اللـه لنخرجن في أرض اللـه حتى يجعل اللـه لنا مخرجا.

فقال عمر: صحبكم اللـه !

قالت ليلى: ورأيت له رقة لم أكن أراها فيه من قبل ، فطمعت في إسلامه.

ولما جاء زوجي قلت له: يا أبا عبد اللـه لو رأيت عمر انفاً ورقته وحزنه علينا.

فقال لما أخبرته خبره: ترجين أن يسلم.

وكانت نظرة ليلى أقرب إلى الصواب – فما لبث عمر أن اسلم – عزّ به الإسلام .

وعندما عادت ليلى من الحبشة، وجدت حال المسلمين على مـا هـو، وحـال المشركين يـزداد قسوة ، فمكثت إلى أن أذن اللـه بالهجرة إلى المدينة فكانت أول من ترحل من مكة وأول امرأة وصلت مهاجرة إلى المدينة .

هذه هي الصحابية الجليلة ، ليلى بنت أبي حثمه ، صاحبة الهجرتين إلى الحبشة، والهجرة الى المدينة ، وأول المسلمات المهاجرات وصولاً إلى المدينة .

ليلى بنت الخطيم

ليلى بنت الخطيم الأنصارية، أخت قيس بن الخطيم الفارس الشاعر ذائع الصيت، لقي قيس رسول الله صلى الله عليه وسلم بمكة، فدعاه الرسول إلى الإسلام ، فلم يرفض ولم يقبل، واستنظر الرسول حتى ينظر في أمره ، فمات قبل أن يسلم، وكانت زوجته حواء بنت يزيد بن السكن أول نساء المدينة إسلاماً.

أسلمت ليلى بنت الخطيم، وعندما اجتمعت نساء الأنصار للمبايعة، كانت ليلى امرأة برزة، جريئة، في خلقها حدة، أقبلت على رسول الله صلى الله عليه وسلم وهو مول ظهره إلى الشمس ، فضربت على كتفه بيدها، فقال: من هذا أكلة الأسد؟!

قالت: أنا ابنة مطعم الطير ومباري الرمح أنا ليلى بنت الخطيم جئتك لأعرض عليك نفسي ـ فتزوجني يا رسول الله .

قال عليه السلام: قد فعلت ، ارجعي حتى يأتيك أمري ورجعت ليلى إلى قومها فرحة مسرورة فقالت لهم: قد تزوجني رسول الله، فقال لها قومها: بئس ما صنعت ! إنك امرأة غيرى وليس لك صبر على الغرائر ، وقد أحل الله لرسوله أن ينكح ما شاء من النساء ، فسوف تغارين عليه، فيدعو الله عليك، فاستقيليه نفسك.

فرجعت إلى رسول اللهصلى الله عليه وسلم فقالت له: يا رسول الله إن الله قد أحل لك النساء، وأنا امرأة طويلة اللسان، ولا صبر لي على الغرائر، فأقلني.

فقال لها رسول الله صلى الله عليه وسلم : قد أقلتك .

وتزوجها مسعود بن أوس، فولدت له ، وبينما هي في حائط من حيطان المدينة (أي بستان من بساتينها) تغسل إذ وثب عليها ذئب فافترسها فماتت .

وكان من عادة العرب أن يطلقوا على كل حيوان مفترس اسم الأسد، والحيوانات المفترسة عندهم هي أسود البوادي، وافترس أسد من أسود البوادي ليلى بنت الخطيم ، فماتت وطوى التراب جسدها ، وسجل التاريخ أسمها ، وعرفها الناس بلقبها أكلة الأسد .

مارية القبطية (رضي الله عنها)

هي مارية بنت شمعون القبطية، أم إبراهيم - ولد نبينا محمد صلوات اللـه وسلامه عليـه - لم تحظ بلقب أم المؤمنين- لكنها حظيت بشرف أمومتها لإبراهيم -عليه السلام - وحظيت بشرف الصحبة (١٢٠) ولدت في بلدة (حفن) القريبة من (انصنا) الواقعة على الضفة الشرقية للنيـل تجاه الأشـمونين- بصعيد مصر- أما أمها فهي نصرانية رومية .

انتقلت مارية مع أختها سيرين إلى قصر (المقوقس) عظيم القبط، في مطلع شبابها الباكر .

أهداها المقوقس القبطي صاحب الإسكندرية ومصر - للنبي صلى اللـه عليه وسلم وأهـدى معها أختها سيرين وخصيا يقال له مأبور، فوهب رسول اللـه صلى اللـه عليه وسلم سيرين لحسان بـن ثابت- وهي أم عبد الرحمن بن حسان .

دعوة المقوقس إلى الإسلام :

بعث النبي صلى اللـه عليه وسلم بكتاب إلى المقوقس مع حاطب بن أبي بلقة - هذا نصه :

بسم اللـه الرحمن الرحيم ..

من محمد بن عبد اللـه، إلى المقوقس عظيم القبط، سلام على من اتبع الهدى..

أما بعد، فإني أدعوك بدعاية الإسلام - أسلم تسلم وأسلم يؤتك اللـه أجرك مرتين، فإن توليت فإن عليك إثم القبط، " يا أهل الكتاب تعالوا إلى كلمة سواء بيننا وبينكم إلا نعبد إلا اللـه ولا نشرك به شيئـاً، ولا يتخذ بعضنا بعضاً أرباباً من دون اللـه ، فإن تولوا فقولو اشهدوا بأنا مسلمون" (١٢١) وختم الكتاب .

فخرج به حاطب حتى قدم الإسكندرية ، فانتهى إلى حاجبه، فلم يلبث أن أوصل إليـه كتـاب رسول اللهصلى اللـه عليه وسلم وقال حاطب للمقوقس لما لقيه (١٢٢) :

إنه قد كان فيك رجل يزعم أنه الرب الأعلى ، فأخذه اللـه نكـال الآخـرة والأولى، فـانتقم بـه، ثم انتقم منه، فاعتبر بغيرك، ولا يعتبر غيرك بك، قال: هات قال: إن لنا دينا لن ندعه إلا لما هو خير منه

فقال حاطب: ندعوك إلى دين الله، وهو الإسلام الكافي به فقد ما سواه: ان هذا النبي صلى الله عليه وسلم دعا الناس ، فكان أشدهم عليه قريش، وأعداهم له اليهود، وأقربهم من النصارى، لعمري ما بشارة موسى بعيسى إلا كبشارة عيسى بمحمد وما دعاؤنا إياك إلى القرآن إلا كدعائك أهل التوراة إلى الإنجيل ، وكل نبي أدرك قوما فهم من أمته، فالحق عليهم أن يطيعوه وأنت ممن أدركه هذا النبي ولسنا ننهاك عن دين المسيح ولكنا نأمرك به.

فقال المقوقس: إني قد نظرت في أمر هذا النبي فوجدته لا يأمر بمزهود فيه، ولا ينهى عن مرغوب فيه ولم أجده بالساحر الضال، ولا بالكاهن الكاذب، ووجدت معه آية النبوة بإخراج الخبء، والأخبار بالنجوى وسأنظر.

وأخذ كتاب النبي صلى الله عليه وسلم فجعله في حق من عاج، وختم عليه، ودفعه إلى جارية له. ثم دعا كاتبا له يكتب بالعربية، فكتب إلى النبي صلى الله عليه وسلم .

"أما بعد فقد قرأت كتابك، وفهمت ما ذكرت فيه وما تعدو إليه، وقد علمت أن نبياً قد يأتي، وكنت أظن أنه يخرج بالشام، وقد أكرمت رسولك ، وبعثت لك بجاريتين، لهما مكان من القبط عظيم، وبكسوة ومطية لتركبها والسلام عليك" .

ولم يعلن إسلامه، خوفا على ضياع ملكه، ولكنه بعث مع حاطب: بجاريتين وهما مارية القبطية وأختها سيرين، وعبد خصي يقال له مأبور قيل بأنه أخو الجاريتين، وقيل بل ابن عمهما. وألف مثقال ذهبا، وعشرين ثوبا لينا من نسيج مصر، وبعث كذلك، بغلته الشهباء (دلدل) وحماره عفير (أو يعفور) وكان ذلك في سنة سبع من الهجرة النبوية ، بعد عودة النبي من صلح الحديبية، إثر عقد الهدنة مع قريش(١٢٣).

وكان حاطب بن أبي بلتعة قد عرض على مارية الإسلام ورغبها فيه فأسلمت أختها وأقام الخصي على دينه حتى أسلم بالمدينة بعد في عهد رسول

الله. ولما عاد(حاطب) بكتاب المقوقس ، وهديته ، فأعجب النبي صلى الله عليه وسلم بمارية، وكانت بيضاء جميلة، فأنزلها رسول الله صلى الله عليه وسلم في العالية في المال الذي يقال له اليوم: مشربة أم إبراهيم. وكان رسول الله يختلف إليها هناك وضرب عليها الحجاب ، وكان يطؤها بملك اليمين . فلما حملت وضعت هناك وقابلتها سلمى مولاة رسول الله صلى الله عليه وسلم فجاء أبو رافع زوج سلمى مبشراً رسول الله صلى الله عليه وسلم بإبراهيم فوهب له عبداً وذلك في ذي الحجة سنة ثمان وتنافست الأنصار في إبراهيم وأحبوا أن يفرغوا مارية للنبي صلى الله عليه وسلم لما يعلمون من هواه فيها .

وذكر ابن عبد البر في كلامه على إبراهيم ابن النبي صلى الله عليه وسلم قال : ولدته أمه مارية القبطية في ذي الحجة سنة ثمان من الهجرة وذكر الزبير عن اشياخه أن أم إبراهيم مارية ولدت بالعالية في المال الذي يقال له اليوم مشربة أم إبراهيم بالقف. وكانت قابلتها سلمى مولاة النبي صلى الله عليه وسلم امرأة أبي رافع، فبشر أبو رافع به النبي صلى الله عليه وسلم فوهب له عبدا .

فلما كان يوم سابعه عق عنه بكبش وحلق رأسه حلقه أبو هند وسماه يومئذ وتصدق بوزن شعره ورقا على المساكين ، واخذوا شعره فدفنوه في الأرض ، هكذا قال الزبير: سماه يوم سابعه .

قال الزبير أيضاً : وتنافست الأنصار فيمن يرضعه وأحبوا أن يفرغوا مارية للنبيصلى الله عليه وسلم لما يعلموه من هواه فيها ، وكانت لرسول الله صلى الله عليه وسلم قطعة من الضأن ترعى بالقف ولقاح بذي الجدر تروح عليها فكانت تؤتى بلبنها كل ليلة فتشرب منه وتسقي ابنها .

فجاءت أم بردة بنت المنذر بن زيد الأنصاري زوجة البراء بن أوس، فكلمت رسول الله صلى الله عليه وسلم في أن ترضعه بلبن ابنها في بني مازن بن النجار وترجع به إلى أمه ، وأعطى رسول الله صلى الله عليه وسلم أم بردة قطعة من نخل فناقلت بها إلى مال عبد الله بن زمعة.

وإن مارية (أم إبراهيم) لم تنج من غيرة ضرائرها .

قالت عائشة: رضي الله عنها :ما غرت على امرأة إلا دون ما غرت على مارية، وذلك أنها كانت جميلة جعدة، فاعجب بها رسول الله صلى الله عليه وسلم وكان أنزلها أول ما قدم بها في بيت الحارثة ابن النعمان فكانت جارتنا، فكان رسول الله عامة النهار والليل عندها حتى فرغنا لها فجزعت فحولها إلى العالية، فكان يختلف اليها هناك ، فكان ذلك أشد علينا ، ثم رزق الله منها الولد وحرمنا منه .

وفاة إبراهيم ابن النبي (صلى الله عليه وسلم) :

مرض إبراهيم قبل بلوغه العامين فجزع أبواه وجزعت خالته ، ثم انطفأت جذوة الحياة فيه، فحمله النبي صلى الله عليه وسلم ووضعه في حجره، وقال في أسى ...

"إنا يا إبراهيم لا نغني عنك من الله شيئا" ثم انهمرت الدموع من عينه، ثم قال: " لولا أنه أمر حق ووعد صدق، وأن آخرنا سيلحق بأولنا، لحزنا عليك حزنا هو أشد من هذا، وإنا بك يا إبراهيم لمحزون، تبكي العين ، ويحزن القلب ، ولا نقول ما يسخط الرب ".

كانت وفاة إبراهيم بن النبي صلى الله عليه وسلم يوم الثلاثاء لعشر ليالٍ خلت من ربيع الأول سنة عشر ودفن بالبقيع وكانت وفاته في بني مازن عند أم بردة بنت المنذر من بني النجار ومات وهو ابن ثمانية عشر شهراً وكذلك قال مصعب الزبيري ، وهو الذي ذكره الزبير (١٢٤) وروى ابن سعد، بإسناده من طريق عبد الرحمن بن حسان بن ثابت عن أمه وكانت أخت مارية يقال لها سيرين فوهبها النبي صلى الله عليه وسلم لحسان فولدت له عبد الرحمن ، قالت: رأيت النبي صلى الله عليه وسلم لما حُضر إبراهيم وأنا أصيح وأختي ما ينهانا ، فلما مات نهانا عن الصياح وغسله الفضل بن عباس ورسول الله صلى الله عليه وسلم جالس ثم رأيته على شفير القبر ومعه العباس إلى جنبه ونزل في حفرته الفضل وأسامة بن زيد وكسفت الشمس يومئذ فقال الناس : لموت إبراهيم، فقال رسول الله صلى الله عليه وسلم : " إنها لا تكسف لموت أحد ولا لحياته " ورأى رسول الله

فرجة في اللبن فأمر بها تسد، فقيل للنبي صلى الله عليه وسلم فقال: " أما إنها لا تضر ولا تنفع، ولكنها تقر عين الحي، وإن العبد إذا عمل عملا، أحب الله أن يتقنه" (١٢٥)

ما أن أهل ربيع الأول من السنة العاشرة للهجرة وذلك عقب موت إبراهيم ابن النبي صلى الله عليه وسلم حتى شكا صلى الله عليه وسلم وتمرض في بيت السيدة عائشة -رضي الله عنها- إلى أن لحق بالرفيق الأعلى.

وعاشت السيدة مارية -رضي الله عنها- من بعد الرسول صلى الله عليه وسلم خمس سنين، معتزلة الناس في بيتها راضية بقضاء ربها جلّ وعلا حيث أنها أمرت أن تعتد بعد وفاة الرسول صلى الله عليه وسلم ثلاث حيضات(١٢٦) خلافا لحكم الحرائر وهو الاعتداد أربعة أشهر وعشرا.

وهكذا جلست في بيتها ملبية نداء ربها حين قال: (يا نساء النبي لستن... الآيات)(١٢٧) قانعة بما فرضه لها خليفة رسول الله صلى الله عليه وسلم أبي بكر الصديق -رضي الله عنه - ومن بعده أمير المؤمنين عمر بن الخطاب رضي الله عنه كما رواها ابن سعد من طريق الواقدي، أن موسى بن محمد بن إبراهيم حدثه عن أبيه قال: كان أبو بكر ينفق على مارية حتى توفي ، ثم كان عمر ينفق عليها حتى توفيت في خلافته .

وفاتها :

توفيت مارية أم إبراهيم ابن رسول الله صلى الله عليه وسلم في المحرم سنة ست عشرة من الهجرة فرؤى عمر بن الخطاب -رضي الله عنه- يحشر الناس لشهودها أي لشهود جنازتها والصلاة عليها وقبرها بالبقيع (١٢٨).

وتوفيت - رضي الله عنها - في المحرم سنة ست عشرة من الهجرة .

ميمونة بنت الحارث (رضي الله عنها)

هـي ميمونة بنت الحارث بن حزن بن بجير بن الهرم بن روبية بن عبد الله بن هلال بن عامر بن صعصعة بن معاوية بن بكر بن هوازن بن منصور بن عكرمة بن حفصة بن قيس بن عيلان بن مقر .

أمها : هند بنت عوف بن زهير بن الحارث بن حماطة من حِمير وقيل : من كنانة وأخوات ميمونة لأبيها وأمها: أم الفضل - لبابة الكبرى - بنت الحارث بن حزن زوج العباس بن عبد المطلب .

ولبابة الصغرى بنت الحارث زوج الوليد بن المغيرة المخزومي ، وهي أم خالد بن الوليد .

وعصماء بنت الحارث بن حزن ، كانت تحت زياد بن عبد الله بن مالك الهلالي.

فهؤلاء أخوات ميمونة لأب وأم، وأمهن هند بنت عوف وأخوات ميمونة لأمها، أسماء بنت عميس ، كانت تحت جعفر بن أبي طالب ، فولدت له : عبد الله وعونا ومحمد ثم خلف عليها أبو بكر الصديق -رضي الله عنه- فولدت له محمدا، ثم خلف عليها علي بن أبي طالب - فولدت له يحيى، وذلك بعد وفاة السيدة فاطمة -رضي الله عنها .

وسلمى بنت عميس الخثعمية- أخت أسماء كانت تحت حمزة بن عبد المطلب فولدت له : أمة الله بنت حمزة ثم خلف عليها بعده شداد بن أسامة بن الهادي الليثي فولدت له عبد الله وعبد الرحمن .

وسلامة بنت عميس أخت أسماء وسلمى ، كانت تحت عبد الله بن كعب بن منبه الخثعمي وزينب بنت خزيمة، أخت ميمونة لأمها. (١٢٩)

وأمهن جميعا هند بنت عوف بن زهير بن الحارث التي كان يقال فيها : أكرم عجوز في الأرض أصهارا، وهند بنت عوف أصهارها :- نبي الله تعالى

محمد صلى الله عليه وسلم وأبو بكر الصديق -رضي الله عنه - وحمزة والعباس ابنا عبد المطلب -

رضي الله عنهما - وجعفر وعلي ابنا أبي طالب -رضي الله عنهما- .

كانت ميمونة بنت الحارث قد تزوجت من مسعود بن عمرو بن عمير الثقفي- في الجاهلية

- ثم فارقها فخلف عليها أبو رهم بن عبد العزى بن أبي قيس من بني مالك بن حسل بن عامر بن

لؤي، توفي عنها، فتزوجها رسول الله صلى الله عليه وسلم زوجه إياها العباس بن عبد المطلب وكان

ولي أمرها وهي أخت زوجته - أم الفضل بنت الحارث الهلالية لأبيها وأمها .

قال أهل السير : وكانت ميمونة حين مات عنها زوجها أبو رهم بن عبد العزى في السادسة

والعشرين من عمرها وكان أبو رهم مشركاً كافراً وكانت رضي الله عنها واحدة من الذين يكتمون

إيمانهم ممن بقي بمكة ولم يهاجروا وكانت تتمنى أن تكون زوجة لرسول اللهصلى الله عليه وسلم

زواجها من النبي صلى الله عليه وسلم :

كانت ميمونة تتمنى أن تكون زوجة لرسول الله صلى الله عليه وسلم وهمست بـذلك

لأختها أم الفضل زوجة العباس بن عبد المطلب ونقلت أم الفضل رغبـة أختها إلى العباس رضي الـله

عنه .

ولما رجع رسول الله صلى الله عليه وسلم إلى المدينة من خيبر، أقام بها شهر ربيع الأول

وشهر ربيع الآخر وجمادى الأولى وجمادى الآخرة ورجب وشعبان وشهر رمضان وشوالاً، يستريح في ذلك

من غزوه وسراياه .

ثم خرج في ذي القعدة في الشهر الذي صده فيه المشركون معتمرا عمرة القضاء مكان عمرته

التي صدوه عنها (١٣٠) وخرج معه المسلمون من كان معه في عمرته تلك وهي سنة سبع .

فلما سمع به أهل مكة- خرجوا عنه- وتحدثت قريش بينها أن محمداً وأصحابه في عسر-

وجهد وحاجة. قال ابن عباس :- اصطفوا والرسول صلى الله عليه وسلم عند

دار الندوة – وهي الدار التي كانوا يجتمعون فيها للشورى والرأي مقابل الكعبة المشرفة لينظروا إليه وإلى أصحابه وهم محرمون يطوفون بالبيت – فلما دخل رسول الله صلى الله عليه وسلم المسجد الحرام أضطجع بردائه وأخرج يده اليمنى. ثم قال:

"رحم الله امرأ أراهم اليوم من نفسه قوة".

ثم استلم الركن ، وخرج يهرول ويهرول أصحابه معه: حتى إذا واراه البيت منهم ، واستلم الركن اليماني مشى حتى يستلم الركن الأسود ثم هرول كذلك ثلاث أطواف ومشى سائرها .(١٣١) .

وروى ابن إسحاق بإسناده عن ابن عباس -رضي الله عنهما- أن رسول الله صلى الله عليه وسلم تزوج ميمونة بنت الحارث في سفره ذلك وهو محرم وكان الذي زوجه إياها العباس بن عبد المطلب .

قال ابن هشام : وكانت جعلت أمرها إلى أختها أم الفضل وكانت أم الفضل تحت العباس ، فجعلت أم الفضل أمرها إلى العباس فزوجها رسول الله صلى الله عليه وسلم بمكة وأصدقها عن رسول الله صلى الله عليه وسلم أربعمائة درهم .

وعن ابن عباس -رضي الله عنهما- قال تزوج النبي صلى الله عليه وسلم ميمونة وهو محرم وبنى بها وهو حلال .

وروى ابن سعد بإسناده عن عطاء الخرساني قال: قلت لابن المسيب أن عكرمة يزعم أن رسول الله صلى الله عليه وسلم تزوج ميمونة وهو محرم فقال: كذب مخبثان. اذهب اليه فسبه. سأحدثك : قدم رسول الله صلى الله عليه وسلم وهو محرم، فلما حل تزوجها .

أقام الرسول صلى الله عليه وسلم بمكة ثلاثا، فأتاه حويطب بن عبد العزى بن أبي قيس بن عبد ردّ بن نصر بن مالك بن حسل في نفر من قريش في اليوم الثالث وكانت قريش قد وكلته بإخراج رسول الله صلى الله عليه وسلم من مكة .

فقالوا له : إنه قد انقضى أجلك ، فاخرج عنها ؟؟!

فقال النبي صلى الله عليه وسلم : " وما عليكم لو تركتموني فأعرست بين أظهركم" - وصنعنا لكم طعاما فحضرتموه" .

قالوا: لا حاجة لنا في طعامك ، فاخرج عنا.

فخرج رسول الله صلى الله عليه وسلم وخلف أبا رافع مولاه على ميمونة حتى أتاه بها بسر (١٣٣) فبنى بها رسول الله صلى الله عليه وسلم هنالك . ثم انصرف رسول الله صلى الله عليه وسلم إلى المدينة في ذي الحجة .

قال ابن هشام : فأنزل الله عز وجل عليه فيما حدثني أبو عبيدة: " لقد صدق الله ورسوله الرؤيا بالحق لتدخلن المسجد الحرام إن شاء الله آمنين محلقين رؤوسكم ومقصرين لا تخافون فعلم ما لم تعلموا فجعل من دون ذلك فتحا قريبا " "يعني خيبر".

ويروى لما أراد الرسول صلى الله عليه وسلم الخروج إلى مكة عام القضية بعث أوس بن خولي وابا رافع إلى العباس فزوجه ميمونة ، فأخلا بعيريها فاقاما أياما ببطن رافع حتى أدركهما رسول الله بقديد(١٣٦) وقد ضما بعيريهما، وسار معه حتى قدم مكة، فأرسل إلى العباس فذكر له ذلك، وحولت ميمونة أمرها إلى رسول اللهصلى الله عليه وسلم فجاء رسول الله منزل العباس فخطبها إلى العباس فزوجها إياه(١٣٧) .

وذكر ابن عبد البر، من طريق شرحبيل بن سعد، قال :

لقي العباس بن عبد المطلب رسول الله صلى الله عليه وسلم بالجحفة حين اعتمر عُمرة القضية، فقال له العباس: يا رسول الله، تأيمت ميمونة بنت الحارث بن أبي رهم بن عبد العزى! هل لك في أن تزوجها؟ فتزوجها رسول اللهصلى الله عليه وسلم وهو محرم .

فلما قدم مكة أقام ثلاثا، فجاءه سهيل بن عمرو، في نفر من أصحابه من أهل مكة ، فقال : يا محمد ، اخرج عنا، اليوم آخر شرطك.

فقال صلى الله عليه وسلم :"دعوني أبتني بامرأتي واصنع لكم طعاما" .

فقال: لا حاجة لنا بك ولا بطعامك، اخرج عنا ! فقال له سعد بن أبي وقاص -رضي الله عنه- نحن دونه، لا يخرج رسول الله صلى الله عليه وسلم إلا ان يشاء الله .

فقال له رسول الله صلى الله عليه وسلم :" دعهم فإن زارونا لا تؤذهم" فخرج فبنى بها بسرف .

قال ابن عبد البر : وذكر موسى بن عقبة عن ابن شهاب ، قال: خرج رسول الله صلى الله عليه وسلم من العام القابل - يعني من عام الحديبية - معتمراً في ذي القعدة سنة سبع ، وهو الشهر الذي صده فيه المشركون عن المسجد الحرام .

فلما بلغ موضعا ذكره - بعث جعفر بن أبي طالب بين يديه الى ميمونة بنت الحارث بن حزن الهلالية فخطبها عليه جعفر ، فجعلت أمرها إلى العباس فزوجها رسول الله صلى الله عليه وسلم (١٣٨)

وروى ابن سعد، عن ميمون بن مهران قال:

دخلت على صفية بنت شيبة، عجوز كبيرة ، فسألتها: أتزوج النبي صلى الله عليه وسلم ميمونة- رضي الله عنه - وهو محرم؟ قالت : لا، و الله تزوجها ، وإنهما لحلالان(١٣٩).

وروى الذهبي ، من طريق أيوب ، عن يزيد لاحم، قال : خطبها وهو حلال ، وبنى بها وهو حلال(١٤٠) .

وكان اسم ميمونة: بَرّة فسماها رسول الله صلى الله عليه وسلم ميمونة- وكذلك روى عطاء بن أبي ميمونة، عن أبي رافع عن أبي هريرة(١٤١).

وعن العباس - رضي الله عنهما- قال: قال رسول الله صلى الله عليه وسلم :"الأخوات مؤمنات ، ميمونة وأم الفضل وأسماء " .

وكان رسول الله صلى الله عليه وسلم قد سأل ميمونة عن جارية لها ؟

فقالت : أعتقها .

فقال النبي صلى اللـه عليه وسلم : " قد كانت جلدة، ولو كنت وضعتها في ذي قرابتك ، كان أمثل " ومعنى قوله صلى اللـه عليه وسلم : " جلدة" أي : قوية صابرة .

ويروى أنها أبصرت حبة رمان في الأرض، فأخذتها وقالت: إن اللـه لا يحب الفساد.

ويروى عن كريب مولى ابن عباس رضي اللـه عنهما- قال: بعثني ابن عباس ، أقود بعير ميمونة - رضي اللـه عنهما - (يعني في حجها) فلم أزل اسمعها حتى رمت جمرة العقبة (١٤٢) .

وعن بكر عن عبد اللـه الخولاني ، قال: رأيت ميمونة زوج نبي اللـه صلى اللـه عليه وسلم تصلي في درع سابغ لا إزار عليها (١٤٣)

ودرع المرأة: مخيطها، والدرع السابغ ، أي الطويل ، والخمار غطاء الرأس . والإزار: هو ما يأتزر به المرء من خاصرته .

روايتها لحديث رسول اللـه صلى اللـه عليه وسلم :

كانت -رضي اللـه عنها- من سادات النساء روت عدة أحاديث - حدث عنها ابن عباس وابن أختها الآخر: عبد اللـه بن شداد بن الهادي، وعبيد بن السباق. وعبد الرحمن بن السائب الهلالي، وابن أختها الرابع: يزيد بن الأرحم، وكريب مولى ابن عباس، ومولاها، سليمان بن يسار ، وأخوه عطاء بن يسار وآخرون .

وروى لها سبعة أحاديث في "الصحيحين" وانفرد لها البخاري بحديث، ومسلم بخمسة وجميع ما وردن ثلاثة عشر حديثا(١٤٤).

ومن حديثها من طريق ازهر بن سعيد عن عبد الرحمن بن السائب، ابن أخي ميمونة الهلالية، أنه حدث أن ميمونة -رضي اللـه عنها- قالت له: يا ابن أخي ، ألا أرقيك برقية رسول اللـه صلى اللـه عليه وسلم ؟ قلت: بلى، قالت: "بسم اللـه أرقيك ، و اللـه

يشفيك من كل داء فيك أذهب البأس ورب الناس، واشف أنت الشافي لا شفاء إلا أنت ".

ومن حديثها أنها سمعت رسول الله صلى الله عليه وسلم يقول الصلاة في مسجدي هذا ، أفضل من ألف صلاة فيما سواه إلا مسجد الكعبة " .

وغيرها من الأحاديث .

وفاتها :

اختلف في تاريخ وفاتها-رضي الله عنها- فقال ابن عبد البر، توفيت ميمونة بسرف في الموضع الذي ابتنى فيه رسول الله صلى الله عليه وسلم وذلك سنة احدى وخمسين وقيل توفيت بسرف سنة ست وستين وقيل: توفيت سنة ثلاث وستين بسرف وصلى عليها ابن عباس، ودخل قبرها هو ويزيد بن الاحيم، وعبد الله بن شداد بن الهادي، وهم بنو اخوتها ، وعبيد الله الخولاني ، وكان يتيما في حجرها (١٤٥).

قال محمد بن عمر: توفيت سنة إحدى وستين في خلافة يزيد بن معاوية، وهي آخر من مات من أزواج النبي صلى الله عليه وسلم كان لها يوم توفيت سنة ثمانون أو إحدى وثمانون سنة وكانت جلدة(صابره) .

وقال يزيد بن الأصم :

"تلقيت عائشة من مكة أنا وابن طلحة من اختها وقد كنا وقفنا على حائط من حيطان المدينة ، فأصبنا منه، فبلغنا ذلك، فأقبلت على ابن أختها تلومه ثم أقبلت علي فوعظتني موعظة بليغة ثم قالت: أما أنها كانت- أي ميمونة – من أتقانا لله، وأوصلنا للرحم " .

فهذا يدل على أنها ماتت في حياة عائشة -رضي الله عنها - وعن أمهات المؤمنين جميعاً .

ميمـونـة بنت كردم

هي مولاة يزيد بن مقسم ، قالت ميمونة : رأيت رسول الله‌صلى الله عليه وسلم بمكة، وهو على ناقة له، وأنا مع أبي، وبيد رسول الله درة (١٤٦) كدرة الكتاب، فسمعت الأعراب والناس يقولون : الطمطمية الطمطمية، فدنا منه أبي فأخذ بقدميه، فأقر له رسول الله صلى الله عليه وسلم فما نسيت طول إصبع قدمه السبابة على سائر أصابعه فقال له أبي:

إني شهدت جيش عثران ، مفرق رسول الله‌صلى الله عليه وسلم ذلك الجيش . فقال طارق بن المرقع: من يعطني رمحا بثوابه؟ فقال له : أبي : فما ثوابه ؟ قال: أزوجه أول بنت تكون لي فأعطاه رمحه، ثم تركه حتى ولدت له ابنة وبلغت، فأتاه فقال له: جهز لي أهلي قال: لا و الله ، لا أجهزها حتى تحدد لي صداقا غير ذلك .

فحلف أبي ألا يفعل . فقال رسول الله صلى الله عليه وسلم : ويقرن أي النساء هي ؟

قال والدها: قد رأت القتير (١٤٧)

فقال رسول الله صلى الله عليه وسلم لأبي : دعها عنك. لا خير لك فيها ؟

قال والدي: فراعني ذلك، ونظرت إليه، فقال رسول الله صلى الله عليه وسلم : لا تأثم ولا يأثم صاحبك.

فقال له أبي في ذلك المقام، إني قد نذرت أن أذبح عدة من الغنم على رأس بوانة(١٤٨)

فقال رسول الله صلى الله عليه وسلم : هل عليها من هذه الأوثان شيء؟

قال : لا ، قال رسول الله صلى الله عليه وسلم : فأوف الله بما نذرت به .

فجمعها أبي، فجعل ينحرها ، فانفلتت منه شاه فطلبها وهو يقول: اللهم أوف عني نذري حتى آخذها فذبحها .

نفيسة بنت أمية التميمية

أبوها امية بن أبي عبيد التميمي حليف الحارث بن نوفل بن عبد مناف. أمها منية بنت جابر -

أخت غزوان بن جابر - والد الصحابي الأمير عتبة بن غزوان. فتكون منية عمة عتبة، ويكون عتبة ابن

خال نفيسة .

ونسبت نفيسة إلى أمها فقيل لها نفيسة بنت منية. وبهذا الاسم عرفت واشتهرت .

ونفيسة أخت الصحابي المشهور يعلى بن أمية الذي نسب إلى أمه أيضاً فقيل له يعلى بن

منية - وقد كان يعلى من كبار الصحابة. أمره أبو بكر على حلوان - وأمره عمر على نجران - وأمره

عثمان على صنعاء - فهو أحد الصحابة الأمراء، وقد كان مقربا من الخلفاء الأربعة، وقاتل مع علي بن

أبي طالب في معركة صفين .

ويذكر أن منية جابر كانت إحدى زوجات خويلد بن عبد العزى قبل أن يتزوجها أمية بن أبي

عبيد، فولدت لخويلد ابنه العوام بن خويلد أخو خديجة بنت خويلد، ووالد الزبير بن العوام .

ولهذا كانت منية قريبة من خديجة ، وكانت نفيسة مقربة منها وعندما اختارت خديجة

بنت خويلد محمد بن عبد الله لتجارتها، وذلك لما عرف من أمانته وأخلاقه، فخرج رسول الله صلى

الله عليه وسلم بتجارتها إلى الشام مع غلامها ميسرة، وعندما عاد محمد بتجارة خديجة كان عائدا

بتجارة رابحة، وكان عائداً بإعجاب ميسرة وانبهاره بما شاهد من علامات نبوة محمد .

وقص ميسرة على خديجة ما شاهده من هذه العلامات فطمعت خديجة أن تكون زوجة

محمد، وطمعت أن تكون سيدة البيت النبوي، فأرسلت إليه نفيسة بنت منية لتعرف رأيه في الزواج

بها، وذهبت نفيسة إلى محمد تعرض له خديجة، فوجدت عنده قبولا ورضا، فذهبت تبشر ـ خديجة

بذلك، وما أسرع ما عادت نفيسة برسالة خديجة إلى محمد : يا ابن عم، إني قد رغبت فيك لقرابتك

وصدقك في قومك، وأمانتك وحسن خلقك، وصدق حديثك، ووجدت نفيسة إقبالاً من محمد قبولاً وما زالت تسعى في زواجها حتى تزوجا، فسعدت بذلك الزواج، ومما زادها سعادة ما سمعته من بشائر الوحي في بيت خديجة - فما أسرع ما استجابت لدعوة الإسلام . فأسلمت وعاشت مع هذه الأسرة حتى حملت أعظم الأعباء طراً عبء الدعوة إلى الله بين الناس جميعاً .

كانت نفيسة خاطبة خديجة إلى رسول الله صلى الله عليه وسلم وكانت راعية أبنائهما.. القاسم والطيب والطاهر ورقية وزينب وأم كلثوم وفاطمة .

النوار بنت مالك الأنصارية

النوار بنت مالك من بني النجار من الأنصار - تزوجها ثابت بن الضحاك النجاري، فولدت له زيداً ويزيد وقتل زوجها في حرب بعاث قبل الهجرة بخمس سنوات .

ابنها يزيد بن ثابت من كبار الصحابة، ومن حفظه القرآن الكريم، وكتاب الـوحي ، وعلـماء الصحابة وهو الذي جمع القرآن على عهد أبي بكر . كان يقال له : الفرضي لعلمه بالفرائض. وابنها يزيد بن ثابت من الصحابة المجاهدين استشهد في معركة اليمامة في حروب الردة .

تزوجها بعد ثابت عمارة بن حزم النجاري الأنصاري أحد كبار الصحابة ، فهو عقبي بـدري، أي شهد بيعة العقبة ومعركة بدر ، وهما شهـدا أهـم المشـاهد مـع الرسول صلى اللـه عليه وسلم واستمر مجاهدا إلى أن استشهد باليمامة .

كان للنوار اهتمام ببيوت العبادة حتى قبل أن تسلم فقـد روت أنها زارت الكعبة قبل الإسلام ، وشاهدت عليها مطارق خز خضراً وصفراً .

وعندما وصل الإسلام إلى المدينة كان النوار من أول من استجاب للدعوة، فأسلمت وبايعت، والتحقت بركب الصحابيات، واهتمت بتنشئة ابنيها على الإسلام فكان زيد مـن كبار علماء الصحابة وكان يزيد مجاهداً.

والموقف المهم الذي ارتبط باسم هذه الصحابية هو نداء الصلاة عن مكان مرتفـع في المدينـة لينادوا من فوقه ويسمعوا من بالمدينة - فوجدوا أن بيت النوار القريب من مسجد رسول اللـه صلى الله عليه وسلم ولم يكن قد تم بناء المسجد بعد وهو أطول البيوت حول المسجد، فأمر رسول اللـه صلى اللـه عليه وسلم بلالاً أن يرقى بيت النوار وينادي للصلاة .

وكان أول نداء للصلاة بألفاظ الأذان يرفع من فوق بيت النوار فكان ذلك محـل اعتزازهـا وفخرها ، وبقي الأذان يرفع من فوق بيتها إلى أن تم بناء مسجد الرسول فانتقل بـلال إليـه ونـادى مـن فوقه إلى الصلاة .

عاشت النوار أحداث الدعوة في ظل النبوة- فكانت بها سعيده، ولها مؤيدة. وقدمت ابنيها ليكونا من بناة صرح الإسلام العظيم، فكانا كما أرادت . وساهما في بناء دولة الإسلام. فكان زيدا عالما مجاهداً – وكان يزيد من رجال السيف، جاهد إلى جانب رسول الله صلى الله عليه وسلم وإلى جانب أبي بكر حتى استشهد باليمامة.

وعندما ماتت النوار صلى عليها ابنها زيد بن ثابت .

هنيدة بنت صعصعة

أبوها صعصعة بن ناجية سيد من سادات بني تميم وقد حاز شهرة عظيمة في الجاهلية بإحيائية المؤودات ، فقد كان إذا ما سمع برجل لهم يوئد ابنته، استحياها منه ورباها مع أهله وقد افتخر حفيده الفرزدق بعمله فقال:

وجدي الذي منع الوائدات فلم توأد

وأخوها غالب بن صعصعة، سيد تميم في زمانه – وصاحب علي بن أبي طالب – وابن أخيها الفرزدق الشاعر المشهور وأحد أمراء الشعر في العصر الأموي بل وأحد أمراء الشعر العربي في تاريخه المديد.

وزوجها الزبرقان بن بدر ، أحد سادة بني تميم وواحد من شعرائهم وكرمائهم، وفد على رسول الله صلى الله عليه وسلم مع وفد قومه فاسلم وأسلموا فولاه رسول الله صلى الله عليه وسلم صدقات بني تميم، وعندما ارتد الناس ثبت على الإسلام وأدى صدقات قومه إلى أبي بكر الصدق وكان يفخر بذلك في شعره .

وخالها الأقرع بن حابس التميمي، أحد السادة المشهورين في بني تميم. وفد على رسول الله صلى الله عليه وسلم مع قومه وأسلم وحضر فتح مكة ومعركة حنين وأعطاه الرسول صلى الله عليه وسلم من غنائم حنين مع المؤلفة قلوبهم من سادة القبائل العربية .

كانت هنيدة تفخر بأهلها وتقول: من جاءت بأربعة رجال يحل لها أن تضع عندهم خمارها بمثل أربعتي فلتفاخرني: أبي صعصعة بن ناجية ، وأخي غالب بن صعصعة ، وزوجي الزبرقان بن بدر، وخالي الأقرع بن حابس.

ولهذا كان يقال لها : ذات الخمار .

أدركت هنيدة الرسول صلى الله عليه وسلم ولم يثبت لها رؤيته ، وإن كان احتمال رؤيتها وارد، فإن زوجها الزبرقان بن بدر من الصحابة .

١.   سورة الممتحنة - الآية ٨

٢.   ابن سعد - الطبقات الكبرى -(٨ / ٩٦ / ٩٧)

٣.   الذهبي - سير أعلام النبلاء - (٢ / ٢١٩)

٤.   ابن عساكر - تاريخ دمشق - (٦٩ / ١٣٦)

٥.   ابن حجر - الإصابة - (٨ /٨٥)

٦.   ابن عبد البر - الاستيعاب - (٤ / ٤٠٣)

٧.   سورة الإسراء - الآية ٢٣ .

٨.   ابن سعد - الطبقات الكبرى - (٨ / ٨٦)

٩.   ابن عبد البر - الاستيعاب - (٤ /٣٥٤٥)

١٠. المصدر نفسه - (٣/ ١٦٠٧)

١١. ابن سعد - الطبقات الكبرى -(٣ / ٢٣٩)

١٢. ابن حجر - الإصابة - (٩٦/٨)

١٣. ابن سعد - الطبقات الكبرى -(٢٣٩/٣)

١٤. المصدر نفسه -(٩٠/٨٩/٨)

١٥. ابن كثير - البداية والنهاية ٠ (٩٢/٤)

١٦. ابن سعد - الطبقات الكبرى (٩٥/٨)

١٧. سورة النساء - الآية ٧

١٨. سورة النساء - الآية ١١

١٩. سورة المسد - الآية ١

٢٠. ابن سعد - الطبقات الكبرى - (٣٨-٣٧/٨)

٢١. ابن عبد البر - الاستيعاب - (٥٠٧/٤)

٢٢. المصدر نفسه - (٥٠٧/٤ - ٥٠٨)

٢٣. سورة الممتحنة - الآية ١٠

٢٤. سورة مريم - الآية ٧٢.
٢٥. سورة مريم - الآية ٧١
٢٦. جميل الوجه .
٢٧. نجل : عظم بطنه واسترضى (أي أنه صلى اللـه عليه وسلم) كان جسمه متناسق ليس فيه عيب .
٢٨. اتساع مع شدة السواد والبياض .
٢٩. أهدابه غزيرة وطويلة .
٣٠. صحل : بحّة .
٣١. صاجاه دقيقان فيها طول وتقوس يلتقي طرفهما
٣٢. الربعة : ليس بالطويل ولا بالقصير .
٣٣. سورة الأحزاب - الآية ٥٠ .
٣٤. إسناده صحيح - أخرجه البخاري .
٣٥. لأن النبيصلى اللـه عليه وسلم لا يأكل الصدقة .
٣٦. الشرف : المكان العلي .
٣٧. الذهبي - سير أعلام النبلاء - (٢٦٣/٢)
٣٨. ابن هشام - السيرة النبوية- (٣٤٠/٣-٣٤١)
٣٩. ابن الأثير - أسد الغابة - (٣٣٥/١)
٤٠. سورة الحجرات - الآية ٦
٤١. سورة الحجرات - الآيتان ٦ - ٧ .
٤٢. الذهبي - سير أعلام النبلاء -(٢٦٣/٢)
٤٣. ابن سعد - الطبقات - (١٢٠/٨)
٤٤. المصدر نفسه - (١٨/٨)
٤٥. ابن الأثير - أسد الغابة -(١٢٤/٢)
٤٦. ابن سعد- الطبقات -(٨١/٨/٨٣)
٤٧. المصدر نفسه - (٨٤/٨)
٤٨. د. عائشة - نساء النبيصلى اللـه عليه وسلم - ص ١٢٦.
٤٩. ابن سعد - الطبقات (١٨٨/٨)

٥٠.   سورة التوبة – الآية ١٢٨ .

٥١.   البيهقي – السنن الكبرى (٢٩/٩) – الكندهلوي – حياة الصحابة – (٤٥٩/١)

٥٢.   الوسق : ستون صاعا، والصاع خمسه أرطال وثلث .

٥٣.   ابن هشام – السيرة النبوية – (٢٠٥/١)

٥٤.   المصدر نفسه – (٢٠٦/١)

٥٥.   ابن حجر – الإصابة –(٢٥/٣ / ٢٦)

٥٦.   القرطبي – الجامع لأحكام القرآن (١١١/٧)

٥٧.   ابن هشام – السيرة النبوية (٢٦٣/١)

٥٨.   سورة المسد .

٥٩.   الذهبي – سير أعلام النبلاء (١١١/٢)

٦٠.   سورة المجادلة : آية (١)

٦١.   ابن عبد البر – الاستيعاب –(٣٩٨/٤)

٦٢.   سورة المسد – الآية ١.

٦٣.   ابن سعد – الطبقات (١٣٠/٨)

٦٤.   المصدر نفسه .(١٣١/٨)

٦٥.   ابن هشام – السيرة النبوية (٢٩٦/٢)

٦٦.   ابن سعد – الطبقات – (٣١/٠٨)

٦٧.   المصدر نفسه (٣٣/٨)

٦٨.   سورة الأحزاب – الآية ٣٦ .

٦٩.   سورة الأحزاب – الآية ٤٠.

٧٠.   سورة الأحزاب – الآية ٥

٧١.   سورة الأحزاب – الآية ٣٧.

٧٢.   ابن سعد – الطبقات –(١١٤/٨)

٧٣.   سورة الأحزاب – الآية ٥٣.

٧٤.   ابن سعد – الطبقات (١٠٨/٨)

٧٥.   ابن الأثير – أسد الغابة(٤٤٦/٥)

٧٦. ابن حجر – الإصابة (٤٦/٤) – ابن قيم الجوزية – زاد المعاد (٦٠/١)

٧٧. الفلس – صنم طيء.

٧٨. ابن حجر – الإصابة (١١٧/٨)

٧٩. ابن سعد – الطبقات (٥٢/٨)

٨٠. المصدر نفسه (٥٦/٨-٥٧)

٨١. الذهبي – سير أعلام النبلاء –(٢٦٧/٢)

٨٢. ابن سعد – الطبقات (٢٣٧/١-٢٣٨)

٨٣. د. عائشة – نساء النبيصلى الـله عليه وسلم ص ٦٨.

٨٤. ابن عبد البر – الاستيعاب –(٤٢٦/٤)

٨٥. ابن سعد – الطبقات (١٢٠/٨)

٨٦. د. عائشة – نساء النبيصلى الـله عليه وسلم ص ١٨٩- الحاكم – المستدرك(٦٧٩٠/٤)

٨٧. ابن سعد الطبقات (١٢٨/٨)

٨٨. ابن عبد البر- الاستيعاب (٤٢٧/٤)

٨٩. الذهبي- سير أعلام النبلاء (٢٣٨/٢)

٩٠. ابن عبد البر – الاستيعاب (٤٢٧/٤)

٩١. ابن سعد- الطبقات (١٢٩/٨)

٩٢. ابن سعد – الطبقات (٦٣/٦٢/٨)

٩٣. د. عائشة – نساء النبي صلى الـله عليه وسلم ص ١٠٩.

٩٤. ابن سعد – الطبقات (٨٣/٨)

٩٥. سورة يوسف – الآية ١٨

٩٦. سورة النور الآية ١١

٩٧. سورة النور الآية ١٢

٩٨. سورة النور الآية ١٥

٩٩. سورة النور الآية ٢٢

١٠٠. الذهبي – سير أعلام النبلاء – (١٨٣/٢)

١٠١. المصدر نفسه (١٣٩/٢)

١٠٢. أبو نعيم – حلية الأولياء (٤٩/٢)

١٠٣. الصابئ : الخارج من دين إلى دين .

١٠٤. الهينمة : الكلام غير الواضح .

١٠٥. الذهبي - سير أعلام النبلاء - (١١٨/٠٢)

١٠٦. ابن سعد - الطبقات (١٩/٨)

١٠٧. ابن عبد البر - الاستيعاب (٤٤٨/٤)

١٠٨. ابن سعد - الطبقات (١٩/٨)

١٠٩. المصدر نفسه (٢١/٨)

١١٠. فتحشحشن : أي فتفرقن .

١١١. الهيمني - مجمع الزوائد (٩/١٥٢١٦)

١١٢. ابن سعد ، الطبقات - (٢٢/٨)

١١٣. اسقب - أي أقرب

١١٤. ابن سعد - الطبقات (٢٣/٢٢/٨)

١١٥. الرحى : حجر الطاحون - الزبيدي - (تاج العروس) -(١٩/١٧)

١١٦. سنوت : أي أستقيت الماء ، والسواقي : جمع ساقية وهي الناقة التي يستقى عليها وكان علي - رضي الله عنه - يستقي الماء من البئر مكان الناقة .

١١٧. ابن عبد البر - الاستيعاب -(٤٤٦/٤) - الحافظ - فتح الباري -(٤٧٧/٧)

١١٨. الذهبي - سير أعلام النبلاء (١١٩/٢)

١١٩. ابن سعد - الطبقات (٢٨/٨)

١٢٠. د. عائشة - نساء النبي صلى الله عليه وسلم ص ٢١٤ .

١٢١. سورة آل عمران ٦٤.

١٢٢. المقوقس:لقب لكل من حكم مصر والإسكندرية والمقصود هنا هو: جريح ابن سينا القبطي مات نصرانيا ولم يسلم .

١٢٣. ابن سعد - الطبقات (٢١٢/٨)

١٢٤. ابن عبد البر - الاستيعاب (١٤/١ - ١٥٥)

١٢٥. ابن سعد - الطبقات - (٢١٥/٨ - ٢١٦)

١٢٦. المصدر نفسه (١١٦/٨)

١٢٧. سورة الأحزاب - الآية ٣٢.

١٢٨. ابن سعد – الطبقات (١١٦/٨)

١٢٩. ابن عبد البر – الاستيعاب (٤٦٧/٤/٤٦٨)

١٣٠. وقد كان رسول اللـه صلى اللـه عليه وسلم خرج معتمرا في السنة السادسة للهجرة حيث صده مشركو قريش عن ذلك ومنعوه قبل وصوله إلى مكة على مقربة منها في موضع يسمى الحديبيـة – على أن يعود رسول اللـه صلى اللـه عليه وسلم ليعتمر في العـام القابل – وهو ما يعـرف بعمـرة القضاء .

١٣١. ابن هشام – السيرة النبوية –(٤٢٥/٣)

١٣٢. ابن سعد – الطبقات – (١٣٥/٨)

١٣٣. سرف: موضع على ستة أميال من مكة،وقيل: سبعة وتسعة واثني عشر.

١٣٤. سورة الفتح – الآية ٢٧.

١٣٥. ابن هشام – السيرة النبوية – (٤٢٦/٣/٤٢٧) تاريخ الطبري _(٢٦٦/٣-٢٧)

١٣٦. قديد: موضع قرب مكة .

١٣٧. ابن سعد – الطبقات (١٣٢/٨)

١٣٨. ابن عبد البر – الاستيعاب (٤٦٩/٤)

١٣٩. ابن سعد – الطبقات (١٣٣/٨)

١٤٠. الذهبي – سير أعلام النبلاء (٢٤٠/٢)

١٤١. ابن عبد البر – الاستيعاب (٤٦٨/٤)

١٤٢. الذهبي – سير أعلام النبلاء (٢٤٤/٢)

١٤٣. ابن سعد، الطبقات (١٣٨/٨)

١٤٤. الذهبي – سير أعلام النبلاء(٢٣٩/٢/٢٤٥)

١٤٥. ابن عبد البر – الاستيعاب –(٤٦٩/٤/٧٠)

١٤٦. درة – سوط

١٤٧. المشيب

١٤٨. بوانه : هضبة وراء ينجع- فيها – كما يبدو – وثن .

المحتويات

****

تم بحمد الله

Printed in the United States
By Bookmasters